河南省文物考古研究院田野考古报告甲种第 73 号

河南省文物考古研究院　编著

Bronze Weapons from Han State
of the Warring States Period
Unearthed in Xinzheng

新郑出土韩国铜兵器

上海古籍出版社

图书在版编目(CIP)数据

新郑出土韩国铜兵器 / 河南省文物考古研究院编著
. -- 上海 ：上海古籍出版社，2024.9
ISBN 978-7-5732-0946-7

Ⅰ.①新… Ⅱ.①河… Ⅲ.①兵器(考古)-研究-新
郑 Ⅳ.①K875.84

中国国家版本馆 CIP 数据核字(2023)第 215573 号

新郑出土韩国铜兵器

河南省文物考古研究院　编著

上海古籍出版社出版发行

(上海市闵行区号景路 159 弄 1－5 号 A 座 5F　邮政编码 201101)

(1) 网址：www.guji.com.cn

(2) E-mail：guji1@guji.com.cn

(3) 易文网网址：www.ewen.co

上海雅昌艺术印刷有限公司印刷

开本 889×1194　1/16　印张 33.25　插页 5　字数 421,000

2024 年 9 月第 1 版　2024 年 9 月第 1 次印刷

ISBN 978-7-5732-0946-7

K·3508　定价：560.00 元

如有质量问题,请与承印公司联系

凡 例

一、本书分为研究报告编和图版编两部分,前者为郝本性先生执笔撰写的新郑出土韩国铜兵器研究专论,后者为新郑出土韩国铜兵器图录。

二、原稿存有不少唐兰先生批注,为保存资料,本书亦尽数保留,以脚注形式体现。

三、本书图版编,以器物为单位,图版包含彩照、黑白照和拓片三部分。其中彩照多数为最新拍摄,部分为 2010 年前后拍摄,黑白照和拓片多为发掘时拍摄和制作,由于拍摄和制作时地、技术条件不同,图版面貌呈现较大差异,为使材料尽可能全面,不能强求统一,个别图版或略模糊,请读者见谅。

四、为便于利用和查阅相关资料,本书器物仍采用出土时整理者(研究报告)所作编号,但由于时间跨度较长,个别器物可能调拨他处,图版并非每器皆全,且数量或有参差。经过清理,缺失编号为 16、89、175、179—182(研究编中释文表存其释文),又多出几件同编号的器物,为 7、128、165、176,因不便于增加编号,故以 7-1、7-2、7-3、128-1、128-2、165-1、165-2、176-1、176-2、176-3 来区分,特此说明。

五、在清点器物照片或拓片时,发现若干没有编号或不能释读、无法确定内容的兵器,也有个别器物或非新郑出土,但为保存资料,经初步整理后作为附录一并发表,其中或有可与已编号器物对应者,还望读者发现指正。

六、经调查,有 4 件新郑出土韩国铜兵器现藏于中国国家博物馆,因条件所限未能收入本书,但将著录于《中国国家博物馆馆藏文物研究丛书·青铜器卷(战国)》,请读者参阅。

七、为反映当前学术研究现状,特请张新俊先生对相关铭文做了校订,特此致谢。兵器铭文释文,□号表示残泐一字, 表示残泐字数较多且不能确定具体字数。字上加 □ 如 庆 表示虽残泐仍可辨认者。

目 录

研 究 报 告 编

图　版　编

研究报告编

概　述

郑韩故城遗址位于河南省新郑县县城周围,黄水河(古溱水)与双洎河(古洧水)交汇之处,至今仍断续地保存着古老的城垣。故城分东城和西城两个部分,据东城内战国晚期制陶作坊遗址出土的陶桶上,印有"左城"二字,得知在战国晚期,东城又称"左城"(图一)。

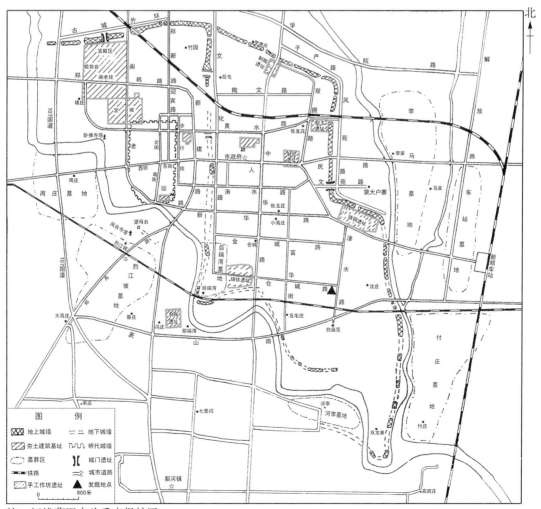

注：红线范围内为重点保护区

图一　郑韩故城及战国青铜兵器出土位置图

1971年11月左城内东南部白庙范村的社员群众,在村北约半公里的地方平整农田时,在距地表深约0.4米处,发现了一个口径约0.6米、深约0.36米的不规则土坑,坑内堆积着大量带有铭文的铜戈、铜矛和铜剑等兵器,于是立即向有关部门作了报告。新郑县文化部门闻讯后,随即派人前往调查,并对出土铜兵器和坑位作了妥善保护。随后,河南省博物馆派人对该兵器出土地进行了清理。

一、铜兵器出土地的地层情况

为了搞清铜兵器坑的地层关系,我们围绕兵器坑挖了一个宽 2 米、长 5 米的探沟。通过调查和发掘,得知该兵器坑周围系战国文化层,其下又叠压着一个战国时期的方形竖井。根据战国文化层土色、土质的不同,可分两层:上层土色黑灰,质地松软,厚约 0.4—0.8 米。包含物除有相当于春秋时期的灰陶盆、盂、豆和红陶矮足鬲等残片外,绝大部分陶片属于战国晚期,如卷沿灰陶绳纹盆、浅盘细柄灰陶豆、敛口素面灰陶钵、高颈圜底绳纹缸、折沿鼓腹绳纹砂质红陶釜等陶器碎片和板瓦、筒瓦等。下层土色浅灰,质地较硬,厚 0.4—1.56 米,包含物与上层基本相同,还出有铁镞铤几十根及铁刀、铁片和铜镞铤部[1]。

战国文化层下层叠压一方形竖井(编号井 1)。井口距耕土深 1.5 米,井底距耕土深 13.6 米,井深约 12 米。井口塌陷,不甚规整,口径约 1.56—1.76 米,其下略呈正方形,边长约 0.9—1 米,井壁挖有供人上下的脚窝。井内积满尘土,包含物基本与上述战国文化层相同,能复原的器物有卷沿灰色绳纹陶盆(图二)和浅盘细柄灰陶豆(图三),另有缸、甑、盆、釜和筒瓦、板瓦残片。

图二　陶盆【井 1∶2】

图三　陶豆【井 1∶1】

---

[1] 这种铁镞铤,洛阳烧沟曾有出土,见王仲殊:《洛阳烧沟附近的战国墓葬》,《考古学报》第 8 册,第 127 页。此外,河南辉县固围村及陕西宝鸡斗鸡台的个别战国墓中也有出土。郑州二里岗战国中期墓 211 则出铜铤 5 件,见《郑州二里冈》,科学出版社,1959 年,图版贰捌,15、16。

　　陶盆和郑州二里岗战国时期的陶盆近似①,陶豆②、陶圜底缸③和郑州二里岗战国墓出土的同类器物近似。而且战国文化层中出土的铁镞铤,通常多发现于战国晚期墓和汉代墓葬、遗址中。因此,铜兵器坑的时代上限属战国晚期。因为群众平整土地已毁掉兵器坑上土层,兵器坑的开口情况也不能确知,所以我们推断此兵器坑的时代上限为战国晚期。

---

① 《郑州二里冈》,图贰捌,12。

② 《郑州二里冈》,图叁柒,10。

③ 《郑州二里冈》,图叁捌,1。

二、铜兵器的形制

这批铜兵器,因年久锈蚀,裂痕较多,铜质较脆,故残碎较甚,据修整后的情况,统计其数量如下表:

铜戈出土数量表

较完整者	53
仅缺援者	17
仅缺内者	6
仅缺胡者	3
残缺较甚但仍有援、内、胡交接部分者	50
共计	129

统计个体主要以援、内、胡交接处为依据,此外还有碎块 173 块,最低限度发现铜戈 129 件,而整、残在内有铭文者 111 件。包括铭文所称的"戈刃""戟刃"均在内。其中肯定有同矛结合为戟者。

铜矛出土数量表

较完整者	37
残存矛身	20
残存矛骹	19
共计	76

这里所说的矛身或矛骹均指残存较多者,至少有铜矛 76 件,此外还有碎块 22 块。整、残在内,共有 66 件有铭文。

铜剑出土数量表

较完整者	1
稍残者	1

除碎块外,至少有 2 把剑,其中有 1 件有铭文。

以上统计仅为大致数目,总计这个坑内发现兵器至少有 207 件。

铜戈形制依内、刃有无和援、胡形制不同,分甲、乙二型。

甲型为平内戈,内端无刃,以有铭的 6 件兵器而言,32 和 133 号系铸款,按新郑兵器通例,不著器名,38 号为铸铭补刻,173 号仅一、二字,也不著器名,唯 115 和 138 号刻铭中有"戈刃"之称,可能这一类平内戈当时均称"戈刃"。

Ⅰ式:仅 1 件,戈援平直,倨句角度大,内部铸有花纹,胡稍残,三穿。

Ⅱ式:有铭文的有 6 件,内部宽短,无刃,内端平齐,援的下刃较平直,无内凹弧线构成的子刺。胡有三梯形穿,胡部下端平直无刃。其中 1 件(115 号)保存完整,有光泽,内背面铸铭文"大官"二字,内部正面刻铭四行(见 117 号释文)。

Ⅲ式:1 件(173),内长 9.7,援长 15.8 厘米,较Ⅱ式窄长,内端平齐无刃,上有刻铭䣱("厶(私)官"二字),援部下刃有内凹弧线,形成小子刺,胡残,倨句角度 99°,其形制介于甲型与乙型之间。

乙型为刃内戈,内端呈弧线上收成锐角,111、112、114、116、117、122、123、132、148、136、146、145、153 号诸器,刻铭中有"戟刃"二字,其中个别刃字残渺。我们认为这种刃内戈,当时名称为"戟刃",但因大部分刃内戈未刻器名,故暂以乙型戈或刃内戈称之。

Ⅰ式:较窄小,内端呈弧刃,戈内前边缘从刃部起稍内收,援刃较平直,下刃无子刺,长胡三穿,穿多作梯形或宽长孔,有的胡下端栏后有下齿,其中 1 戈(35)内有铸铭二行(见 35 号释文)。

Ⅱ式:与Ⅰ式相近似,但器形较大,援部与内部两端略上翘,内部前边缘平直,成一直线,援下刃中点起有内凹弧线形成一子刺,穿呈狭长孔,刃较宽而锋利。其中 1 戈(74)内部有铸铭三行(见释文 74)。

Ⅲ式:仅 1 件(183),器形较小,内残,援长 12.6、胡长 9.6 厘米,倨句角度 96°,胡刃有二波状子刺。

Ⅳ式:仅 1 件(184),全长 25.1、援长 15.2、内长 9.8、胡长 13 厘米,倨句角度 95°,内端平齐有刃,上下均呈折角,长胡四穿,器型近于Ⅱ式。

Ⅴ式:1 件(182),内部残,援长 15.8、胡长 13.2 厘米,倨句角度 101°,长胡上有四长条形穿,援刃与Ⅱ式同,胡刃中部有一子刺,子刺下,胡内收变窄,此种形制,应为当时最先进的铜戈。

战国时的兵器形制大小、各部分的比例以及倨句角度是有一定规格的,这里选出部分有铭文且较完整者,将其尺寸、重量、角度表示出来,其中重量为近似值,而倨句角度测量见附图,倨角均以戈栏与援的夹角为准,以援锋与援中脊末端连线代表援。

新郑铜戈尺寸表

编号	器号	式别	全长（厘米）	援长（厘米）	内长（厘米）	重量（克）	倨句角度（度）	备注
1	5	乙Ⅱ	25.1	15.6	9.2	230	99°	郑右库
2	7	乙Ⅱ	24.5	14.9	9.6	239	97°	郑武库
3	10	乙Ⅰ	23.4	14.1	9.5	225	96°	郑生库
4	12	乙Ⅰ	残长19.8	14.4		残重200	96°	郑生库
5	16	乙Ⅰ	25.3	15.6	9.8	220	99°	郑生库
6	35	乙Ⅰ	23	14.5	8.5	190	98°	王三年郑令
7		乙Ⅱ	27.4	16.8	10.6	360	97°	四年郑令
8	38	甲Ⅱ	残长18.8		7.7	残重280	99°	郑令
9	45	乙Ⅱ	26.8	16.2	10.5	332	97°	九年郑令
10	49	乙Ⅱ	25.4	15.8	9.7	245	96°	十五年郑令
11	50	乙Ⅱ	25.3	15.7	9.5	235	97°	十六年郑令
12	53	乙Ⅱ	25.4	15.7	9.5	240	98°	十七年郑令
13	60	乙Ⅱ	27.2	16.6	10.5	350	97°	廿一年郑令
14	64	乙Ⅱ	残长27.3	16.7		残重345	98°	卅一年郑令
15	69	乙Ⅱ	27.5	16.7	10.7	360	99°	卅三年郑令
16	73	乙Ⅱ	27.5	16.7	10.7	残重345	99°	卅四年郑令
17	74	乙Ⅱ	27.5	16.7	10.7	357	99°	卅四年郑令
18	75	乙Ⅱ	27.5	16.7	10.7	355	99°	卅四年郑令
19	79	乙Ⅱ	27.5	16.7	10.7	350	99°	卅四年郑令
20	83	乙Ⅱ	25.1	15.4	9.5	残250	98°	三年郑令
21	84	乙Ⅱ	25	15	9.5	残248	97°	二或三郑令
22	85	乙Ⅱ	27.4	16.8	10.5	310	98°	二或三郑令
23	87	乙Ⅱ	27.8	16.9	10.8	350	96°	三年郑令
24	95	乙Ⅱ	28	17.1	10.9	310	97°	五年郑令
25	100	乙Ⅱ	残长25.2	15.6		残240	100°	八年郑令
26	106	乙Ⅱ	残26	15.9	11	残330	96°	十八年冢子
27	110	乙Ⅱ	27.1	16.7	10.2	340	99°	卅二年冢子

编号	器号	式别	全长 (厘米)	援长 (厘米)	内长 (厘米)	重量 (克)	倨句角度 (度)	备　注
28	111	乙Ⅱ	残 23.8	15.9	残 7.9	残 235	100°	元年冢子
29	112	乙Ⅱ	残 26	16.7	残 9.3	残 330	100°	二年冢子
30	116	乙Ⅱ	27.6	16.7	10.7	325	98°	七年冢子
31	124	乙Ⅱ	残 27	16.9	残 10.1	残 395	101°	濩泽君
32	159	乙Ⅱ	28	16.5	11.4	350	98°	长安库,武库
33	131	乙Ⅱ	27.3	16.9	10.5	350	101°	八年郱承令
34	133	甲Ⅱ	22.6	14.5	8	312	96°	十六年承令
35	115	甲Ⅱ	22.2	14.2	7.9	312	98°	六年冢子
36	138	甲Ⅱ	21.6	13.8	7.9	300	99°	十一年介(祁)令
37	153	乙Ⅱ	残 25.9		10.5	残 340	99°	六年长子令
38	151	乙Ⅱ	残 24.5	15.3		残 220	99°	廿一年格氏令
39	143	乙Ⅰ	残 24		9.1	残 275	97°	十年咎荅大令
40	170	乙Ⅰ	28.1	14	9.3	232	96°	

从上表看,倨句角度通为 96°至 101°之间,尤以 99°为多,即《考工记》所谓的"倨句外博"。据清程瑶田《戈体倨句外博义述》(见《考工创物小记》)所载,矩为 90°,柯为一矩又八分矩之一,即 101.25°[①],而倨句外博之度求于矩、柯之间,即 90°与 101.25°之间。这种角度能免去"已倨则不入,已句则不决"二病,也就是说避免了角度过大所造成的不能刺入或角度过小所造成的不能割决的毛病,是最适当的角度。

从上表还可以看出,甲型(平内)戈长度均为 22 厘米左右,内与援之比约为 1:1.75,乙型(刃内)戈大体分大型与小型两种,大型如三十四年郑令戈,全长 27.5 厘米,内与援之比约为 1:1.67,小型如(83)三年郑令戈,全长 25.1 厘米,内与援之比约为 1:1.6。从三十四年郑令戈能很明显地看出,当时同一年所造兵器,凡一地均有统一的规格,在一定程度上实现了"戈兵一度"。

铜矛依矛的长短与形制可分为二型。甲型矛铭文中有 9 件刻有"戟束",表明这种矛当时称"戟束",可能与铭为"戟刃"者结合成戟使用。但因未刻器名者较多,其中必有单独使用的矛,因无法区分,故仍沿惯称,统称为矛。

---

① 《考工记》对于柯这种角度的公式为(45°+½×45°)+½(45°+½×45°)=101.25°,详见李俨《中国古代数学史料》,中国科学图书仪器公司 1954 年版,第 10 页。

Ⅰ式：件数最多，共7件，其中20、21、82、113、118、119、144、137、149号刻有"戟束"，这种戟束或称矛，矛身平滑，无血槽，横断面呈菱形，骹作直筒状，上有一穿以固柲，有一矛骹内残留积竹柄碎块。骹末端略粗，銎口呈杏核形，其中1件(2)骹上铸铭"奠(郑)左库"三字，长15.7厘米。

Ⅱ式：共　件，矛身较短，横断面略呈菱形，脊部与刃部凸起，每面形成血槽两道，骹略同Ⅰ式。其中1件(6)骹上刻铭"奠(郑)右库"三字，矛长14.3厘米。

Ⅲ式：仅有2件，矛身基部横断面呈椭圆形，脊部与刃部凸起，可起血槽作用，骹部较长，呈圆筒状，并有一环纽，可系饰物。其中1矛(181)长16厘米。

Ⅳ式：仅1件，矛身短，脊部较平，骹作圆筒状，上有一穿，长11.1厘米(180)。

乙型矛为长矛，矛骹较长。

Ⅰ式：较完整者1件(179)，呈铅灰色，矛身实心，与甲型矛中空者不同，平脊，两刃锋利，矛身较Ⅰ式剑轻薄，骹部呈细长圆筒状，其近矛身部分较细，向外依次呈六棱(觚)状、四觚状和八觚状。矛骹有一环钮，可系物，通长39.8厘米，矛身长22.5、宽2.5厘米。

Ⅱ式：仅1件(9)，矛身残缺，依残存痕迹看横断面呈 ☖ 形，矛身三面有刃，骹部长7厘米，呈圆锥体状，上有不很明显的铸铭"奠(郑)武库"三字。这种形制的矛，在邯郸石家村战国墓M57曾发现过[①]，寿县蔡侯墓也出土过有刃殳头(《寿县蔡侯墓出土遗物》，第11页)，此种有刃三棱刮刀型的兵刃应为"殳"(《湖北随县曾侯乙墓发掘简报》图版玖，2)。

铜剑，器型分2式。

Ⅰ式：剑身与乙型1式矛相似，但较宽厚，平脊，刃平直，无卫手，茎作扁平长条状。较完整者1件(72)，呈青黄色，有光泽，刃部有使用痕迹，茎作扁平长条状，有一穿孔，茎上有缠蒯缑的凹痕，剑身有刻铭二行(72号释文)，残长31.8、剑身残长23、宽2.5—3.5厘米。另有一残剑(补器)，仅存剑身中段，残长10、宽4.8厘米。该剑茎很长，呈青铜色，平脊上有斑驳的银星，刃极锋利，有使用痕迹。

Ⅱ式：仅存1件，剑身薄，卫手薄而窄，茎作扁条状，已残。

兵器形制很明显地反映着时代性。先比较乙型(刃内)戈，Ⅰ式同廿一年相邦冉戈(《善斋彝器图录》88页)酷似，相邦冉即魏冉，《史记·穰侯列传》云："昭王三十九年，魏冉复相秦，六岁而免。"则以此戈为秦昭王二十一年(公元前286年)所铸。Ⅰ式戈时代约当战国中期(后国别与年代部分据铭文分析，结果也与此符合)。

Ⅱ式戈，为这批兵器的主要形制，Ⅱ式与Ⅳ式和五年相邦吕不韦戈(《三代》20.28.2)酷似，后者为秦始皇五年(公元前242年)铸，故知此种形制为战国晚期的形制[②]。

---

① 河北省文化局文物工作队：《河北邯郸石家村战国墓》图一五，9，《考古》1962年12期624页。

② 唐兰先生注：这两页宜移入年代中讲。

　　甲型(平内)戈，Ⅰ式与新郑李家楼郑墓出土的铜戈(《新郑彝器》，137页)近似，年代可能为春秋中期。Ⅱ式除这次发现的几件外，为便于比较，我们借用《三代》19.52所著录一戈，该戈平内上铸铭两行：

　　　　六年奠(郑)命(令)韩【熙】右库禾(工师)【司马口】冶狄。

　　文例及内容与乙型Ⅰ式的29号戈相近，可知也为战国中期戈。117号戈内部较这件六年郑令戈宽，援本较其更上昂，六年郑令戈援上刃较平直，117号戈略呈弧形突起，时代较其晚，为战国晚期戈型。

　　甲型Ⅰ式矛，即无血槽矛身平滑者，为这批兵器的主要形制，件数多。它和四年相邦吕不韦戈(《小校》10.74)酷似，后者为秦始皇四年(公元前243年)所铸，可证这种Ⅰ式矛为战国晚期所铸。

　　Ⅰ式剑，即平脊剑，与郾(燕)王喜剑(《三代》20.44、45)酷似。据《史记·燕世家》，燕国最末一王为燕王喜，后为秦所虏，其在位时期为公元前254—前220年，可见这种剑曾流行于战国晚期。

　　总之，这些兵器大部分是战国晚期所铸。

三、铜兵器的铸造特点

新郑白庙范村铜兵器出土地附近地面采集有铸铁炼锅和炼炉残片，而且此地距郑韩故城已试掘的小吴楼北冶铜遗址和仓城冶铁遗址均不远，而这些遗址出土工具、陶范不少，仓城冶铁遗址发现有剑、戈(戟刃)的陶范残块，但为铁兵，较此铜戈稍长。

《考工记》云："郑之刀，宋之斤，鲁之削，吴粤之剑，迁乎其地，而弗能为良，地气然也。"可见郑国的铜刀是春秋末年外地无法超过的名作，韩灭郑后，在其冶炼技术基础上进一步发展，韩国的兵器遂名闻一时。苏秦说韩宣王时称道："韩卒之剑戟皆出于冥山、棠豀、墨阳、合膊、邓师、宛冯、龙渊、太阿，皆陆断牛马，水击鹄雁，当敌即斩。"(据《战国策·韩策一》，《史记·苏秦传》略同)我们所发现的全为青铜兵器，可见铜兵器在当时占有重要地位。

铜兵器主要采用熔铸法，戈与剑是用双合陶范铸成的，矛则双合范内另加一范芯座，故矛身和骹部中空。有的兵器铸成冷却后，还经过锤锻，如 32 号戈，内部明显有锤锻痕迹，内部加宽，并且碎裂缝隙较密，戈内铸铭二行，上刻一"✕"。一般铜戈刃部有磨砺痕迹，有垂直于刃部的平行线纹。

郑县铜兵器多为铸款，阴文，周围有明显的压印痕迹，呈一长方形凹槽，如第 4 号郑右库戈，即很明显。有的边缘有一凹线，如 59 号廿年郑令矛，不少铸款字迹模糊，乃是刻有铭文的玺印在制范时压印的次数太多，而陶土又不很细密所致①。因铸款字迹模糊，故往往又于其上加刻一遍，有时仅把关键的字或特别不清的字刻出来。这种先铸后刻的铭文中有一种是铸时空出冶人名的位置，后填刻冶人名，如 69、70、74、77 号，往往如此，更可证其压印陶范的玺印可能归各库工师所掌握，凡该库所铸兵器皆可使用，以便提高工效，加强控制。凡铸款不记器名，需要表示器名时则在其旁刻出，如 20、21 和 82 号，这表明这种玺印可适用于戈与矛，故有些矛骹上铸铭，未能顾及穿孔问题，如 59 号廿年郑令矛，司寇吴裕与武库之间的穿孔并未坏字，而 61 号廿一年郑令矛，司寇吴裕的"吴"字却被穿孔所占。

刻铭在全部大官兵器上和绝大部分外县兵器上都有。刻镂字迹较铸款细，最细者如 155号矛几难辨认。刻款后，一般无法涂去，如需涂改，则只有凿刻，如 167 号矛上刻铭有二字，其

---

① 唐兰先生批注：恐怕只是压印的关系，不是一范数用的问题。

上錾刻二十多笔,已无法辨认。这表明刻镂时一般均较认真从事。刻法,一种为连续的细痕,实即以硬物刻划而成,另一种乃以锤连续敲击刻刀(削)并向怀内方向移动,故錾痕呈断续的三角形,我馆老技工王长青同志称这种方法为勾刻法。

书款仅见 132 号戈一例,内部正面书款三行,从遗痕看,原以毛笔书写无疑,发现时字迹上面并无墨、漆等任何物质[①],仅在有字迹处呈戈本身的暗黄铜色,无字迹处则略呈黑灰色,故疑当时以毛笔蘸漆书写后年久漆质老化脱落,而未漆处则先已接触空气变色,所以有此不同。由此戈书款的启示,可以设想兵器刻镂的过程系在铸器上先书以漆,再于所书之文,錾之使深,刻成阴文,如 72 号剑铭,字迹工整美观,至于像 151 号矛铭那样十分草率的刻铭,乃是未经书写,直接刻成的。

这批兵器中,我们选择两件样品,经冶金工业部钢铁研究院化学室 8 组分析,结果如下:

本室编号	原号	Cu%	Sn%	样 品 说 明
663	8#	71.77 72.34	22.25 21.96	乙型戈·戈胡的下段,呈银灰色
664	9#	78.55 78.85	20.62 20.54	甲型Ⅰ式矛·矛锋部分,表面呈暗黄色

附注:8#试样总量不到 99,数据仅供参考。据进行化验的于凤莲同志说,兵器可能是两层,上面涂层试样太少,无法分析[②]。

新郑此次发现铜兵器,依表面颜色大体分暗黄色(其间往往夹杂黑色)和银灰色(有的略带黄色)两种,以大官兵器为例,呈暗黄色的有 106、110—117 号,共 9 件,而呈银灰色的有 107、109、118 号,共 3 件,可见大部分作暗黄色,故 664 和 663 号可分别代表这两种情况,664 号表明在青铜合金中,铜约占 80%,锡约占 20%,这同《考工记》所云"四分其金而锡居其一,谓之戈戟之齐"是相符合的。据张子高先生考订,凡是金锡对举成文的金,所指概是单纯的铜而不是合金的青铜。故他将六齐的铜锡成分演为百分比,其中戈戟的铜占 80%,锡占 20%(详见张子高《中国化学史稿·古代之部》,第 56 页),由实物分析可证张说是正确的,《考工记》的记载是可信的。

这种合金比例适当,故兵器硬度大,十分锋利,自殷周以来,我国劳动人民长期从事冶铸实践,积累了丰富的经验,从而能够熟练地、准确地掌握这种合金配剂规律和高超的冶铸技巧[③]。

---

① 唐兰先生批注:是否用漆书写,年久漆老化脱落,而未漆处则先已受空气变色,所以不同。如果是另外处理,那就整个戈要和别的戈不同了吧。

② 唐兰先生批注:尚差的微量元素还不知是什么。

③ 唐兰先生批注:这个提法要慎重,一般说,青铜兵器是不会镀其他金属的。镀银的弩机等是例外。【按:秦始皇兵马俑坑出土兵器镀铬。】

四、新郑铜兵器铭文释文

Ⅱ号后为另一面,戈可分上下面,上面铭文在前,下面铭文在后。工师及司寇有合文与不合文两种;令冶与造、载等字变体较多,先隶定,后释文;其他如"郑"均作"奠","韩"均作^斡,为简便记,直接释文,不作隶定,关于文字考释,详见以后各章。

编号	式 别	铭款	释 文
1	乙Ⅰ戈胡	铸	郑左库
2	甲Ⅰ矛骹	铸	郑左库
3	甲Ⅰ矛骹	刻	郑左[库][刻] Ⅱ右[□][铸]
4	乙Ⅰ戈胡	铸	郑右库
5	乙Ⅰ戈内	刻	郑右库
6	甲Ⅱ矛骹	刻	郑右库
7	乙Ⅱ戈内	刻	郑武库
8	乙Ⅱ戈内	铸刻	郑武库 Ⅱ□[杦]丕閆(门)①
9	乙Ⅱ矛骹	铸	郑[武]库
10	乙Ⅰ戈胡	铸	郑生库
11	乙Ⅰ戈胡	铸刻	郑生库[铸]才(在)[刻]②
12	乙Ⅰ戈胡	铸	郑生库
13	甲Ⅱ戈胡	铸	郑生库
14	乙Ⅰ戈胡	刻	郑生库
15	乙Ⅰ戈内	铸	郑生库

---

① 刻,照不出来需加拏灰。
② 在"库"字旁又刻一字,不清。

编号	式　别	铭款	释　　文
16	乙Ⅰ戈内	铸	生库①
17	乙Ⅰ戈内	铸	生库
18	乙Ⅰ戈援原部	刻	生库②
19	乙Ⅱ戈内	刻	生库　Ⅱ朱(?)③
20	甲Ⅰ矛骹	铸刻	郑生库［铸］旒(戟)束［刻］
21	甲Ⅰ矛骹	铸刻	郑生库［铸］旒(戟)束［刻］
22	甲Ⅰ矛骹	刻	𤯍(生)库④
23	甲Ⅰ矛骹	刻	生
24	甲Ⅱ矛骹	刻	生库
25	甲Ⅱ矛骹	刻	郑□□
26	乙Ⅰ戈内	铸二行	三年郑命(令)郑疲(?)生库工师段枃冶𢀖(乖)
27	乙Ⅰ戈内	铸二行	四年郑命(令)韩缶申左库工师阪章冶□
28	乙Ⅰ戈内	铸三行	四年郑命(令)韩缶申左库工师卩章冶□
29	乙Ⅰ戈内	铸刻二行	二年郑▨库工师▨
30	乙Ⅰ戈胡	铸二行	二年郑令𤦡(缪)佗左库工师女𦟲(皮)冶安
31	乙Ⅰ戈内	铸二行	二年郑命(令)缪□右库工师司马韄冶狄
32	甲Ⅱ戈内（平内）	铸二行	四年郑令缪佗武库工师乘女冶𣖄Ⅱ乄
33	乙Ⅰ戈内	铸二行	八年▨武库▨
34	乙Ⅰ戈胡	铸二行	王二年郑命(令)韩熙右库工师鮥庆▨□□

① 已磨损,仅留痕迹,未有照片及拓片。
② 左行横刻。
③ "生库"二字左上角确有一刻文,但不全。
④ 左旁有二刻划。

编号	式　别	铭款	释　　文
35	乙Ⅰ戈内	铸 二行	王三年郑命(令)韩熙右库工师史衺(翟)冶
36	乙Ⅰ戈内	铸 二行	十年郑命(令)韩[熙武]库工师[名][人]冶□
37	乙Ⅰ戈内	铸 二行	☑郑命(令)韩[熙]库工师犬□冶□
38	甲Ⅱ戈内 (平内)	铸刻 三行	艹彐[合文]郑命(令)①肖(赵)[宪]司寇[氵艹]武库工师 □□□冶□□
39	甲Ⅰ矛骹	铸刻	四年郑命(令)肖(赵)[宪]司寇张狐左库工师□[0][罗]冶章
40	乙Ⅱ戈内	铸刻 三行	四年郑命(令)肖(赵)[宪]司寇张狐生库工师涉[弋]冶□
41	乙Ⅱ戈内	铸 三行	五年郑命(令)肖(赵)[宪]司寇张[狐]生库工师张雅冶臭敚 (造)
42	甲Ⅰ矛骹	铸	☑生库工师张雅仕冶
43	甲Ⅰ矛骹	铸刻 三行	五年郑命(令)肖(赵)[宪]司寇张狐武库工师宗(保)冶[善][0]
44	矛骹	刻 三行	九年郑倫(令)向疆司寇霁(狢)商武库工师鈢(铸)章冶狌 Ⅱ才(在)[此兵器铸铭不显,故重刻一遍]
45	乙Ⅱ戈内	刻 三行	九年郑倫(令)向(疆)司寇霁(狢)商武库工师鈢(铸)章冶裱
46	乙Ⅰ戈内	铸刻	十三年郑倫(令)戋彭司寇君(尹)王生库工师[甾者]角印冶 □敚(造)
47	乙Ⅱ戈内	铸刻	十四年郑命(令)肖(赵)距司寇王屠生库工师甾者角印冶贞
48	乙Ⅰ戈内	铸	十四年郑命(令)肖(赵)距司寇王屠武库工师鈢(铸)章冶□
49	乙Ⅰ戈内	刻	十五年郑倫(令)肖(赵)距司寇[彭]璋右库工师陸(陈)坪(平) 冶赣
50	乙Ⅰ戈内	铸刻	十六年郑命(令)肖(赵)距司寇彭璋武库工师冶瘄
51	乙Ⅱ戈内	铸	十六年郑☑(令肖)(赵)距司寇彭☑([璋]生[库])工师肖 (赵)臀(沫)☑([冶□造])[戈内残,以例补]
52	乙Ⅰ戈内	铸	□□年郑命(令)肖(赵)[距司寇]彭璋生库②工师肖(赵)臀 (沫)冶珀敚(造)

①　前为铸后补刻,后为铸铭。
②　赵距的"距"字未铸出,以例补,其年代当在十六年之后。

编号	式　别	铭款	释　　文
53	乙Ⅰ戈内	铸刻	十七年郑命(令)坙(隰)恒司寇彭璋武库工师皇吊冶狋
54	甲Ⅰ矛骹	铸刻	十七年郑命(令)坙(隰)恒司寇彭璋武库工师皇吊冶□
55	甲Ⅰ矛骹	铸刻	十七年□(郑令坙)(隰)恒司寇□(彭璋武库)工师皇吊□(冶□)
56	甲Ⅰ矛骹	铸刻	十七年郑倫(令)坙(隰)恒司寇彭璋生库工师肖(赵)臂(沫)□(冶□□)
57	乙Ⅱ戈内	铸刻	廿年郑倫(令)韩恙司寇犬裕右库工师张阪冶赣
58	乙Ⅰ戈内	铸刻	廿年郑倫(令)韩恙司寇犬裕右库工师张阪[未铸全笔画]冶□
59	甲Ⅰ矛骹	铸	廿年郑命(令)韩恙司寇犬裕武库工师卭敄冶狋
60	乙Ⅱ戈内	铸刻	廿一年郑命(令)舷□司寇犬裕左库工师吉忘冶緤
61	甲Ⅰ矛骹	铸三行	廿一年郑命(令)舷□司寇犬[此字位于穿孔处]裕左库工师吉忘冶□
62	甲Ⅰ矛骹	铸三行	□韩安□武库□冶枭
63	乙Ⅰ戈内	刻三行	卅一年郑命(令)彙(郭)潘司寇肖(赵)它武库工师裁乔□
64	乙Ⅰ戈内	铸刻三行	卅一年郑命(令)彙(郭)潘司寇肖(赵)它生库工师皮耳冶君(尹)鼬(啟?)
65	甲Ⅰ矛骹	铸刻二行	卅二年郑伶(令)彙(郭)潘司寇肖(赵)它生库工师皮耳冶君(尹)坡[位于君字左侧]
66	乙Ⅰ戈内	铸三行	卅二年郑倫(令)彙(郭)潘司寇肖(赵)它左库工师郋圻冶高敄(造)
67	甲Ⅰ矛骹	铸刻三行	卅二年郑倫(令)□(郭潘)司寇肖(赵)□(它左库)工师郋圻□
68	甲Ⅰ矛骹	刻	卅二年□(郑令郭)潘司寇□(肖它……)
69	乙Ⅰ戈内	铸刻三行	卅三年郑倫(令)彙(郭)潘司寇肖(赵)它左库工师郋圻冶君(尹)書敄(造)
70	甲Ⅰ矛骹	铸刻三行	卅三年郑倫(令)□(彙潘)司寇肖(赵)它左库□(工师)郋圻冶君(尹)弼敄(造)
71	甲Ⅰ矛骹	铸刻三行	□左库工师郋圻冶君(尹)弼敄(造)
72	Ⅰ式剑身	刻二行	卅三年郑命(令)彙(郭)潘司寇肖(赵)它生库工师皮耳冶君(尹)啟敄(造)

续 表

编号	式 别	铭款	释 文
73	乙Ⅱ戈内	铸刻 三行	卌四年郑命(令)龛(郭)涿司寇肖(赵)它右库工师张襄冶肙(尹)敐散(造)
74	乙Ⅱ戈内	铸刻 三行	卌四年郑倫(令)龛(郭)涿司寇肖(赵)它武库工师任肝冶肙(尹)壖散(造)
75	乙Ⅱ戈内	铸 三行	卌四年郑倫(令)龛(郭)涿司寇肖(赵)它武库工师任肝冶肙(尹)壖散(造)
76	甲Ⅰ矛骹	铸刻 三行	卌四年郑倫(令)龛(郭)涿司寇肖(赵)它武库工师任肝冶肙(尹)丌(期)散(造)
77	甲Ⅰ矛骹	铸刻 三行	卌四年郑倫(令)龛(郭)涿司寇肖(赵)它左库工师郈圻冶肙(尹)弜散(造)
78	甲Ⅰ矛骹	刻 二行①	卌四年郑命(令)龛(郭)涿司寇肖(赵)它生库工师皮耳冶肙(尹)坡散(造)[散字夹于两行字中间]
79	乙Ⅱ戈内	铸刻 三行	卌四年郑命(令)龛(郭)涿司寇肖(赵)它生库工师皮耳冶肙(尹)卬散(造)
80	甲Ⅰ矛骹	铸刻②	卌四年郑命(令)龛(郭)〼肖(赵)它生库工师皮耳〼
81	甲Ⅰ矛骹	铸刻 三行	元年郑倫(令)龛(郭)涿司寇芋庆生库工师皮耳冶肙(尹)支散(造)
82	甲Ⅰ矛骹	铸刻 四行	二年郑倫(令)龛(郭)涿司寇芋庆生库工师皮耳冶肙(尹)坡散(造)戕③
83	乙Ⅱ戈内	铸刻 三行	三年郑倫(令)龛(郭)涿司寇芋庆生库工师皮耳冶肙(尹)敐散(造)
84	乙Ⅰ戈内	铸 三行	□□郑倫(令)[龛]涿司寇芋庆生库工师皮耳冶肙(尹)敐散(造)
85	乙Ⅰ戈内	铸 三行	□年郑倫(令)龛(郭)涿司寇芋庆生库工师皮耳冶肙(尹)□[散](造)
86	甲Ⅰ矛骹	铸 四行	三年郑倫(令)龛(郭)涿司寇芋庆左库[工师郈]圻冶肙(尹)弜散(造)
87	乙Ⅰ戈内	铸刻 三行	三年郑倫(令)龛(郭)涿司寇芋庆右库工师长(张)襄冶肙(尹)歆散(造)

① 中夹一字。

② 二行中间可能夹字。

③ (戟)束坡和后二字刻铭。

编号	式　别	铭款	释　　文
88	乙Ⅱ戈内	铸刻三行	▨伦(令)栾(郭)湡▨库工师▨墻戠(造)
89	乙Ⅰ戈内	铸刻三行	▨湡▨兴▨
90	乙Ⅰ戈内	铸刻三行	四年郑伦(令)韩半司寇长(张)朱武库工师弗悆(悲)冶君(尹)赾(?)戠(造)①
91	甲Ⅰ矛骹	铸刻三行	四年郑伦(令)▨司寇长(张)朱武▨弗悆(悲)冶君(尹)▨
92	甲Ⅰ矛骹	铸刻三行	四年郑伦(令)韩半司寇长(张)朱左库工师昜(夷阳)臭冶君(尹)弱戠(造)
93	甲Ⅰ矛骹	铸刻三行	五年郑伦(令)韩半司寇长(张)朱左库工师昜(夷阳)臭冶君(尹)弱戠(造)
94	甲Ⅰ矛骹	铸刻三行	五年郑伦(令)韩半司寇长(张)朱左库工师昜(夷阳)臭冶君(尹)弱戠(造)
95	乙Ⅱ戈内	铸刻三行	五年郑伦(令)韩半司寇长(张)朱右库工师春高冶君(尹)墻戠(造)
96	甲Ⅰ矛骹	铸三行	六年郑伦(令)兊(公先)瞢(瞥)司寇宜半左库工师金庆冶君(尹)猂(犴)戠(造)
97	乙Ⅰ戈内	铸刻三行	六年郑伦(令)兊(公先)瞢(瞥)司寇宜半左库工师金庆冶君(尹)底戠(造)
98	甲Ⅰ矛骹	铸刻三行(残有二行)	六年郑伦(令)兊(公先)瞢(瞥)司寇半□库工师▨
99	甲Ⅰ矛骹	铸刻三行	七年郑伦(令)兊(公先)瞢(瞥)司寇史陞左库工师金庆冶君(尹)弱戠(造)
100	乙Ⅱ戈内	铸刻三行	八年郑伦(令)兊(公先)瞢(瞥)司寇史陞右库工师春高冶君(尹)□戠(造)
101	乙Ⅱ戈内	铸刻三行	八年郑伦(令)兊(公先)瞢(瞥)司寇史陞武库工师长(张)丘(?)冶君(尹)墻戠(造)
102	甲Ⅰ矛骹	铸刻三行	▨郑命(令)兊(公先)瞢(瞥)司寇史陞生▨戠(岁)冶君(尹)坡戠(造)
103	甲Ⅰ戈内	铸刻三行(残存二行)	八年郑伦(令)公孙氵司寇史陞(地)武库工师▨
104	甲Ⅰ矛骹	铸四行	▨年郑命(令)▨右库工师▨冶▨

① 原有铸痕竖格,此处补刻铭二字。

编号	式　别	铭款	释　　文
105	乙Ⅰ戈胡	铸 二行	□□郑(?)□左库貣(造)冶
106	乙Ⅱ戈内	刻铸	十八年冢子韩増下库啬夫乐雅(雁)库吏安冶悫敓(造)才(在)　大官①
107	甲Ⅰ矛身	刻	廿年冢子韩☑乐雅(雁)库吏鋊☑☑
108	甲Ⅰ矛身	刻	☑库啬☑冶长②
109	甲Ⅰ矛身	刻	卅二年冢子韩春邦库啬夫芊庆大官下库啬夫长(张)虘库吏□冶☑
110	乙Ⅱ戈内	刻	卅二年冢子韩春邦库啬夫芊庆大官上库啬夫壘臀库吏春冶畀(畢)昌敓(造)
111	乙Ⅱ戈内	刻	元年冢子肖(赵)敫(悖)邦库啬夫赧奂大官下库啬夫长(张)□库吏猎冶畀(畢)狄敓(造)端旒(载)□
112	乙Ⅰ戈内	刻	二年冢子韩政邦库啬夫赧奂大官上库啬夫壘□库吏斗冶畀(畢)痡敓(造)戋(载)刃
113	甲Ⅰ矛身	刻	二年冢子韩政邦库啬夫赧奂大官上库啬夫壘臀库吏斗冶胥(尹)戟端戋(载)束
114	乙Ⅱ戈内	刻	三(或四)年冢子工师忞韩政(政)邦库啬夫韩狐大官下库啬夫长(张)虘库吏猎冶畀(畢)硍敓(造)戋(载)刃
115	甲Ⅱ戈 内(平内)	刻铸 四行	六年冢子韩政邦库啬夫韩狐大官下库啬夫长(张)兴库吏劦冶畢狄敓(造)戈刃　大官③
116	乙Ⅱ戈内	刻铸	七年冢子韩政韩猥邦库啬夫韩固大官上库啬夫狢贾库吏訾(眔)畀(畢)猷敓(造)戋(载)刃　大官④
117	乙Ⅱ戈内	刻	七年冢子韩政韩猥邦库啬夫韩固大官下库啬夫长(张)兴库吏卡冶胥(尹)狟敓(造)端旒(载)刃　大官⑤
118	甲Ⅰ矛身	刻	八年冢子韩政韩猥邦库啬夫韩固大官上库啬夫狢贾库吏訾(眔)冶春偶敓(造)端旒(载)束
119	甲Ⅰ矛身	刻	☑敓(造)端旒(载)束
120	甲Ⅰ矛骹	刻铸	郑武库⑥　Ⅱ春成君⑦

---

① 铸铭。

② 此铭文例与大官比较简略。

③ 铸铭。

④ 铸铭。

⑤ 铸铭。

⑥ 铸铭已不显。

⑦ 刻。

续　表

编号	式　别	铭款	释　　文
121	乙Ⅱ戈内	刻	春成□①
122	乙Ⅱ戈内	刻	五年春成相邦高平伶（令）登（邓）⊗左库工师芏同冶脬敚（造）端旆（戟）刃 贅？②
123	乙Ⅰ戈内	刻	⊠成相邦韩政伶（令）登（邓）叟（?）右库⊠朓冶贞敚（造）端旆（戟）刃 襄③
124	乙Ⅱ戈内	刻	蒦（濩）睪（泽）君七年库啬夫乐疵冶舒賁（造） Ⅰ郑武库
125	甲Ⅰ矛身	刻	申库
126	乙Ⅰ戈内	刻	衍④　郐库　安⑤
127	乙Ⅰ戈内	刻	审　左库
128	甲Ⅰ矛骹	刻	郐　右库　才（在）
129	甲Ⅰ矛身	刻	⊠郐承伶（令）每山司寇成⊠工师□墙冶□敚（造）　才（在）
130	甲Ⅰ矛骹	铸	四年郐承命（令）洼（汪）茋司寇弽□□左库工师卬（江）次（?）冶□
131	乙Ⅱ戈内	铸刻四行	八年郐承伶（令）洼（汪）茋司寇弽□□右库工师肓（盲）開冶旬敚（造）
132	乙Ⅱ戈内	漆书刻	⊠郐承伶（令）公孙□司寇□左库工师□□冶支敚（造）端旆（戟）刃　Ⅱ大官下库　郏库
133	甲Ⅱ戈内（平内）	铸	十六年承命（令）韩□鄩（雍）氏司寇赾（?）閂（周）右库工师王爺（昂）冶□
134	甲Ⅰ矛骹	铸刻	□九年雍氏右库無（胜）鑄
135	乙戈内	铸刻	十九年氏弋（?）左库樊（胜）鑄
136	乙戈内	刻	□萱（蝥）伶（令）君（尹）玉司寇亘秦⊠史饶冶寮敚（造）旆（戟）刃
137	甲Ⅰ矛身	刻	十年佘伶（令）亲（新）趐司寇亘秦左库工师韩□冶均敚（造）端旆（戟）束

---

① 倒刻，刻字方向与通常戈内铭文方向正相反。

② 此字在相邦旁倒刻。

③ 此字在相邦旁倒刻。

④ 横刻。

⑤ 横刻。

续 表

编号	式 别	铭款	释 文
138	甲Ⅱ戈 内(平戈)	刻	十一年尒倫(令)韩貴(贾)司寇亶秦右库工师韩[嚮治]□散(造)戈刃
139	乙Ⅱ戈内	铸	八年阳城命(令)□□工师□□冶堈
140	乙Ⅰ戈内	刻	⍁年阳人命(令)肖(赵)瘦工师启文冶組
141	乙Ⅰ戈内	刻	九年雥(焦)命(令)韩懋工师阩厚冶臭
142	乙Ⅰ戈内	倒刻	十九年佫(咎)茖工师格绖冶[罣〇]
143	乙Ⅰ戈内	刻	十年咎茖大命(令)甘丹(邯郸合文)[illegible]工师向犬冶[illegible]
144	甲Ⅰ矛身	刻 二行	八年阳翟(翟)倫(令)亲(新)[?]諕司寇重尻右库工师乐叚冶戠敳(造)煓旃(戟)朿
145	乙Ⅱ戈内	刻	五年莫倫(令)夭(?)伕司寇绡□左库工师扉湆冶赤散(造)耑旗(戟)刃
146	乙Ⅱ戈内	刻	五年賀(沬)倫(令)⍁左库工师稣症冶钊(?)敳(造)戗(戟)[刃]
147	乙Ⅰ戈内	刻	二年野王倫(令)韓胡司寇毛丹右库工师暴羝冶盟弗敳(造)①
148	乙Ⅱ戈内	刻	七年野王倫(令)韓胡司寇毛丹右库工师司工(空)[〇思]冶幽谟(撫)铸煓旂(戟刃)
149	甲Ⅰ矛身	刻	十八年狐臣倫(令)江義司寇周悉(丧)库工师肖(赵)眾冶恖散(造)戗(戟)刃
150	甲Ⅰ矛身	刻	廿一年格氏倫(令)□司寇宋犀右库工师吴痯冶[illegible]
151	乙Ⅱ戈内	刻	廿一年格[氏]倫(令)韩昭司寇肖(赵)□左库工师司马(合文)[illegible]军冶鬣散(造)
152	甲Ⅰ矛身	刻	⍁年鄗(郝)倫(令)畬(?)亡忌(合文)司寇成□右库工师王⍁䎽(䪁)敳(造)[朿]
153	乙Ⅰ戈内	刻	六年长子(合文)倫(令)型(刑)丘假司寇杕朱上库工师肖(赵)弃冶袜散(造)雕戗(戟)刃
154	甲Ⅰ矛身	刻	十七年安成倫(令)肖(赵)阖(闔)司寇羊思工师史恙冶足
155	甲Ⅰ矛身	刻	六年□倫(令)周襄司寇郘□左库工师司马(合文)垼冶敳(造)
156	乙Ⅰ戈内	刻	十一年平匋(陶)缪足工师宋□冶隼
157	乙Ⅰ戈内	刻	四年少曲命(令)韩章右库⍁冶恩敳(造)

① 后二字在两行之间。

编号	式 别	铭款	释 文
158	甲Ⅱ戈 内(平内)	刻 三行	十六☐命(令)肝☐冶☐ Ⅱ郑☐库
159	乙Ⅱ戈内	刻	𦈡(长)安库 Ⅱ武库
160	甲Ⅱ矛身	刻	郑右库 Ⅱ梁右库
161	甲Ⅰ矛身	刻	梁右库
162	甲Ⅱ矛身	铸 阳文	东周左库
163	甲Ⅱ矛身	阳文	东周右库
164	乙Ⅰ戈内	刻	𦈡丘库
165	戈	铸	☐右库
166	乙Ⅰ戈内	刻	马雍① Ⅱ库②
167	甲Ⅰ矛身	刻	☐都③ ☐下库④
168	乙Ⅰ戈内	刻	☐库
169	乙Ⅰ戈内	刻	胡
170	乙Ⅰ戈内	刻	胡
171	戈内	刻	𠧟
172	矛	刻	歸
173	甲Ⅲ戈内 (平内)	刻	私官⑤
174	乙Ⅰ戈内	刻	☐年☐库所☐⑥
175	甲Ⅰ矛骹	刻	八年☐左☐
176	乙Ⅰ戈内	铸	☐左库☐
177	乙Ⅱ戈内	刻	四☐左☐
178	甲Ⅰ矛骹	铸	☐武?☐冶㦵

---

① 此二字倒刻。

② 正刻。

③ 左侧。

④ 右侧。

⑤ 倒刻。

⑥ 铭在内背。

五、关于姓名文字的考释

兵器姓名的字,有些下有合文符号,多为复姓或惯用的名字。

1. 司马作(151)、(155)。[1]

三晋玺印文字中,职官和姓氏"司马"多以合文形式出现。如下面的例子[2]:

《古玺汇编》0046　　《古玺汇编》0045　　《古玺汇考》338 页

《古玺汇编》3767　　《古玺汇编》3782

十六年喜令戈(《集成》11351)

2. 司工作(146),即司空,在三晋古印中,职官和姓氏"司工"多以合文的形式出现。如下面的例子:

《古玺汇编》0091　　《古玺汇编》0080　　《古玺汇编》5544

《古玺汇编》2227　　《古陶文录》5.41.1

《汉书·古今人表》卷八有司空牛父。

3. 甘丹作(143),即邯郸,以地名为氏。"甘丹"二字多以合文形式见于战国文字。如下面的例子:

二十四年盲令戈　　　　　　二十三年襄城令矛(《集成》11565)

---

① 张新俊按:原稿此条为编号2,无编号1。此外,正文中其他编号也偶有缺漏或仅存编号而无内容,现据实际情况重新编号,特此说明。

② 按:本书所引此类战国文字字形多为整理文稿时据《三晋文字编》(汤志彪编著,作家出版社 2013 年版)、《战国文字字形表》(徐在国、程燕、张振谦编著,上海古籍出版社 2017 年版)等工具书所收字形、字例增补引录,特此说明。

 六年襄城令戈

"甘单"或者加上"邑"形,如:

侯马盟书 156:23　　侯马盟书 156:26　　侯马盟书 156:19

十二年少曲令戈(《集成》11355)　　《古玺汇编》4037

《古玺汇编》4035　　《集萃》117　　《古玺汇考》328 页

4. 152 号亡忌作。

三晋文字中"忌"字多以借笔形式,如三晋玺印文字中还有以"忌"为偏旁的字,如三晋玺印文字中的"纪"字写作:

《古玺汇编》0560　　《古玺汇编》0771　　《古玺汇编》1264

《古玺汇编》1385 号著录一方三晋私印:

印文为"乐亡忌"。亡读无,"忌"字"己"与"心"共用一笔,战国人喜用此名,如韩无忌及魏公子无忌,古玺有长亡(无)忌(《古玺文编》第 263 页)。

5. "长"即"张",如 90—94 号的司寇长朱即 95 号的司寇张朱,其他长虘、长兴可读长为张。

6. "肖"即"赵",赵从肖声,战国古印文习见如下例:

《古玺汇编》0965　　　　《古玺汇编》0895

应读"赵",如侯马盟书(《文物》1972 年第 3 期图版叁、肆、伍),其一,"肖米"与"赵乔"同见,其二与三,则皆作"肖米"与"肖乔",可证肖、赵通用。汉代以后肖、赵有别。

7. 𣎴(114)即工师的师,116 号铭为姓氏。

8. "登"作:

(122)　　　　　　(123)

古印作：

《古玺汇编》1930   《古玺汇编》1930

古陶器文字作：

《香录》2.3

"登"在此为姓，即鄧（邓）。

9. "重"作（140），古印也有此字（《古玺文编》第 152—153 页），《玺印姓氏征上·上平声》三钟有重曜（臎）、重充、重记、重贾（尽为汉印），战国玺文尽从邑作"鄆"。如：

侯马盟书"重癰"，或从邑。

10. （146）为"樆"字，登封县告成镇北阳城遗址出土陶豆柄上也有"樆"字作，周为印边框。战国文字此字作：

《古玺汇编》5696   新蔡甲三 33   十年邘令戈

《古玺汇编》2847   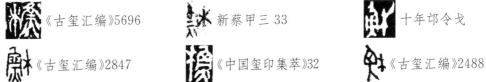《中国玺印集萃》32   《古玺汇编》2488

《古玺汇考》209

"鮴"字金文习见（《金文编》第 506 页），即蘇字。

11. （57）、（58）、（59）、（60）为姓，（143）为名。卜辞卜人名有字（《合集》19798，《新甲骨文编》600 页），唐兰先生释"位"（见《天壤阁甲骨文存考释》55 页）。此乃战国文字，与甲骨文偶合，实非一字，字形稍有别。中山王壶有如下一字：

邵 皇工（功）   明 之于壶

字形与上字相近而有别。战国三晋文字中"吴"字作：

侯马盟书 1:57   中山王鼎   十七年邢令戟

《古玺汇编》1170   《古陶字汇》5.31.3

此字似非字简化,(58)似作,字不甚清晰。

12. (155),此字下半已很模糊,但为周字无疑,周字或省□,作冑。此157铭六字上似有 艹 字,不清。

13. (27)、(29)为同一人之名,即"缶"字。战国文字中"缶"字写作:

《古陶汇编》5.371　　　　《信阳 2.4　　　　《上博《周易》9

《古陶文录》4.97.1

14. （140)、（131),战国兵器铭文中有"盲"字:

二十四年盲令戈(《荆门左冢楚墓》66 页)

盲令司马伐戈(《集成》11343)

古文字中口中加一横笔仍为一字之例甚多,此"盲"字,见于《方言》,《方言十》云:"沅澧之间,使之而不肯,答曰盲。"注:"音茫,今中国语亦然。"学者或读作"许"。

15. 152 号有一冶工名:

右旁为 ,乃《说文》五上甘部"甚"字古文,毛公鼎"湛"字、谌鼎"谌"字所从均与此同。此字左旁从残存字迹看似为"罩"字,则此冶工名"鞺"。

16. "坡""圻""壖"均有其字,改为从"立"就无法认识了。下面"均"字也如此。至于"端"字似可释为"端","张"释为"埝",也都是有这字的,"墬"、"疊"等字土在下,与在旁者不同。

17. "均"字见上条。137 号 为均字,所从的 公 或 仚 即土字异体,此字右从旬,或省略为匀,此字为"均",玺文中以均为名之例甚多,其他"坡""圻""壖""埝"所从与此同,"均"从土旁而非从立。此在左,这与"墬""坙""疊"等字加土在下者不同。

18. 𢼸 (129)字见于下举诸器铭:

昷序鼎(《集成》1345)　　　下官钟(《集成》9515)

十三年昷阳令　　　戲戟(《集成》11347)

《古玺汇编》3053　　　《古玺汇编》3047

《古玺汇编》3042　　　《古玺汇编》3055

《古玺汇编》3048

此字吴荣曾先生读作"魏"[①]。周波先生后来做了进一步的论证[②],释"魏"之说可信。

19. 熙(35)字也见于齐侯敦,写作:

《金文编》第 691 页

但该字不从火,如同鲁炀公名熙,金文作"鲁侯狶",从犬,金文"臣""姬"和"趆"所从"臣"旁均与此同。

20. 𥅆(53),战国布币文字常见:

𥅆 𥅆 𥅆 𥅆《古币文编》第 159 页

泉谱旧释幾、隰、濕、兹,此兹下所从⊥,乃火字讹变,如滕字作 𤓷(滕侯昃戈《集成》11079)一样,此字可隶定为烾,即絲,则为隰字[③]。《左传》齐有隰鉏、隰朋;《韩非子·说林上》有隰斯弥;汉印有隰姓。

21. 𢼸(90)、𢼸(92)、𢼸(93)、𢼸(94)、𢼸(95),此字铸款后因不清又加刻,本为同一人名,字形变化较大。依 95 号,应释为半。

22. 𢼸(39)、𢼸(114)、𢼸(115)、𢼸(149),为"狐"字,战国印文复姓有:

---

① 吴荣曾:《战国布币地名考释三则》,《中国钱币》1992 年第 2 期。

② 周波:《"昷"字补说》,收入同作者:《战国铭文分域研究》,上海古籍出版社 2019 年,第 239—248 页。

③ 按:此字当隶定作"坌",从"𥅆"从"土"。"坌"可以读作"隰"。

 《古玺汇编》3986　　　　　　 《古玺汇编》3987

命(令)狐君壶的狐字作𠁁(《金文编》509 页),省形旁犭,此 ![] 即𠁁,汉印狐作 ![]、![]、![]①。释此为"狐"字,则《录遗》562 的"阳 ![] 戈"从犭从 ![],也即狐字。

23. 、![] 狂(44)、、为"狃"字。因为犬作犭与金文陈曼簠、獻字所从相似,战国印文从犬旁字例作犭,从彳乃由犭旁简化,已与彳旁相混。右旁从耳,战国印耳作 𦣝 ,可证。

24. 、,从犭从"戋"为"㹡",见《说文·卷十·犬部》,训嚻。

25. 为狻,、狄(31)为狄,111 号为元年下库的冶即"畢狻",115 号为六年下库的冶即"畢狄"。同为大官之兵,疑为同一冶人名,"狄"为"狻"的简化。(张新俊按:本段文字不够通顺。)

26. 、,不识。

27. ,此字右从子,因《说文》子字古文同此,故释犴。

28. 、、,此乃"猺"字,为姓氏。也见于战国印文:

 《古玺汇编》2524　　　　　　![] 六年冢字戟柲

45 号铭为九年司寇猺商,44 号铭为九年司寇霉商,二铭除冶人不同外均相合,则此猺与霉,古或通用。

29. 霉字(44)也见于战国玺印:

![] 《古玺汇编》2641

霉字见战国古币文:

 《先秦货币文字编》284　　　　![] 《先秦货币文字编》285

 《三晋文字编》1622 页　　　　![] 霉十命铜牌(《集成》11900)

汉印有霉毋忌,据《汗简》卷下元一雨部,"霉"同"露"。

---

① 赵平安、李婧、石小力编纂:《秦汉印章封泥文字编》,中西书局 2020 年版,第 898 页。

30．骼(34)字，为姓氏，朱芳圃谓"骼""貉"一字，见其所著《殷周文字释丛》14 页。按"骼""貉""狢"三字均可通，新郑兵器文"狢""骼"皆为姓氏，"貉"即"狢"字，为国名，金文貉子卣作 （《集成》5409）。

 王二年郑令戈　　　　　 包山楚简 227

《古陶汇编》3.1057　　　　　《古陶汇编》3.1057

《观自得斋印集》二册，《玺印集林》三册 69 页所载汉印有"貉宜家"。《孟子·尽心下》有貉稽，证明貉为姓氏。"貉""狢"为一字异构。

31．狽(44)、  狟(45)为同一郑令名，因知为一字。据小克鼎彊字作 ，古代文字相同的偏旁，有时可省略，如金文秦字作（洹秦鼎），又作（屬羌钟），室又作 等，其例甚多不备举，此即"彊"字的简化。

32．伓(118)，此字左从人，右旁从马，为"傌"字。《广韵》去声卷四、四十傌字注云齐大夫名，此处也为人名。

33．原(92)、 原(93)、 厚(94)，此字也见于印文：

《古玺汇编》2548　　　　　　《古玺汇编》2652

五年郑令矛

此形学者们认为是"尸（夷）昜（阳）"二字合文。"夷阳"为复姓。

34．尻作 （144）

《汗简》卷下之二引石经"居"字作，与鄂君启节"屁"字相同，过去学者们多认为此字也借为"居"字。不过战国文字中有"居"字，写作如下之形：

三晋文字：　　上官豆（《集成》4688）　　　　　《古玺汇编》1832

楚系文字：　　郭店《老子》甲 17　　　　　　上博《命》4

　　　　　　　清华《三寿》20　　　　　　　　包山楚简 127

　　　　　　　《古玺汇编》2558　　　　　　　郭店《唐虞之道》16

 包山楚简 190　　　　　 上博《曹沫之阵》14

秦系文字： 云梦秦简《日书》乙 116　　　《古陶文录》6.296.2

齐系文字：《古陶文录》2.35.1

燕系文字：《古玺汇编》3495　　　　《古玺汇编》2210

以上五系文字中的"居"字，多从"尸"、"古"声。楚系文字中偶尔有写作从"巨"得声者。总之，没有写成从"几"的"居"字。《汗简》所引"居"字，可能出于误解。

战国文字中有"處"字，写作：

 舒蚕壶　　　　　 鱼颠匕　　　　　《古玺汇编》3145

《古玺汇编》1726　　　《古玺汇编》0414　　　《货系》2487

 陈纯釜（《集成》10371）

战国文字中"尻"字写作：

 鄂君启舟节（《集成》12113）　　　 郭店《成之闻之》8

 包山楚简 10　　　　　　　　清华简《楚居》1

上博简《姑成家父》1　　　　　　　清华简《筮法》14

《说文》几部"尻"字下云："處也，从尸得几而止。""處"形是在"尻"形上又加上"虍"为声符。所以，新郑兵器铭文中的"尻"，也应该释作"尻"，非"居"。

35. 厍字作 （141），此字从尸，从八，从子，不识。

36. 宪作 （39，其他均漫漶不清），早期金文"宪"字不从心，如伯宪盉作 、墙盘作 （《金文编》第 715 页），春秋金文开始出现从心的"宪"字，如秦公镈作 （《金文编》第 715 页）。

战国三晋文字中"宪"字写作如下之形：

六年城阳令戈　　　　　《古玺汇考》99 页　　　　　《古玺汇编》0390

《古玺汇编》1403　　《古玺汇编》1654　　《陶录》5.7.2

新郑兵器铭文中的""与以上"憲"字形体相同，也当释为"憲"字。

37."恒"字作（53）、（54、55）、（56）。

战国楚帛书"恒"字作亙（《文物》1964年9期摹本），与《说文》"恒"字古文合。

战国文字中有"恒"字，写作如下之形：

《古玺汇编》5700　　　　新蔡甲三44　　　　郭店《鲁穆公问子思》1

包山楚简231　　　　清华简《汤丘》2　　　　《古玺汇编》2675

38."恙"字作（57）、（58）、（106）、（154）。

此字或认为是从"羊"从"心"之字。战国文字中有从"疒"、"羊"声的"痒"字，如：

《古玺汇编》2347

战国晚期魏国的兵器陕险令戈上有下面一字：

《三晋文字编》第1567页

写法与新郑兵器铭文相同。则此字也应当释作"恙"。

39."赣"字作（49）、（57）。

战国文字中"赣"字多见，写作如下之形：

《集萃》481　　　　《陶录》6.292.1　　　　里耶8-2088

云梦秦简《日甲》81反

以上是秦系文字中的"赣"字。楚系文字中的"赣"字写作：

《古玺汇编》5679　　上博《鲁邦大旱》3　　新蔡甲一10

包山楚简244　　上博《弟子问》1　　清华简《系年》30

曾侯乙墓竹简67

新郑兵器铭文中的"赣"，所从的"欠"形略有变异，毫无疑问也是"赣"字。

40. 瘫作（106）、（107），此字又见于九年成丘令□瘫戟（《三代》20.22），"瘫"字即《说文解字》的"雁"，许慎云："雁，鸟也，从隹瘝省声，或从人，人亦声。"按此篆文的"瘫"即"雁"字，"應"字从此。①

41. 140号戈"陽人令肖瘦"，"瘦"字原篆寫作如下之形：

此字从"疒"从"隻"。当隶定作"瘦"。战国文字中"隻"字写作如下之形：

會悍鼎（《集成》2794）　　　　　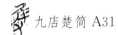九店楚简 A31

上博《志》2

又如从"隻"的"获"字写作：

上博《曹沫之阵》20　　上博《周易》20　　上博《季桓子》12

清华《耆门》14

所以，新郑兵器铭文中的字当释作"瘦"。

42. （124）为"疝"字，古文字中有：

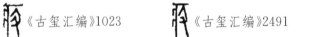《古玺汇编》1023　　　　《古玺汇编》2491　　　　《古陶文录》7.5.3

字形与兵器铭文完全相同。

43. （146），战国文字中有"症"字，见于：

相邦铍（《集成》11635）　　　　四年建信君铍（《集成》11695）

元年相邦建信君铍　　　　　六年大阴令戈

《古玺汇编》3114　　　　　　《古玺汇编》3802

《古陶文录》5.21.1

---

① 　参看孙常叙：《鹃公剑铭文复原和"脽""鹃"字说》，《考古》1962年第5期。

罗福颐曾隶定为"疧",朱德熙、裘锡圭举古印复姓"疋于(胥于)"为例,谓战国文字中⧖字多应释"疋"(《考古学报》1972 年第 1 期 80 页),孙贯文先生认为此应释"疧",谓古玺汉印单名为足之例甚多,如郑庄公此字从"足",宜隶定为"疧"。

战国文字中"足""疋"形近有别。此字释作"疧",是战国时期常见的人名。

44. (150),字从"疒"从"自",为"瘤"字。《古玺汇编》2614 收入如下一方三晋私印:

罗福颐释作"徒瘤"。可从。兵器铭文中的"瘤"与古玺人名相同。

45. (112),字从"疒"从"百",为"瘤"字。此"疒"与"廾"旁易混,在此"疒"与"百"共用一横笔,其下一横与上"瘤"字同样为战国文字惯例。战国印文也有"瘤"字:

🔲《古玺汇编》0551　🔲《古玺汇编》0857　🔲《古玺汇编》1056
🔲《古玺汇编》1878　🔲《古玺汇编》2463　🔲《古玺汇编》3807
🔲《古玺汇编》3190

战国时人喜以"迲(去)瘤"为名,知此乃疾病之义。此"瘤"与上"瘤"在兵器铭文中均为人名,二者当为一字之异构。

46. 🔲(26),即《说文》四上乑字,隶变作乖,此字又见于番匊生壶和🔲伯簋(见《大系录编》130 和 137 页)。

47. "缪"字作🔲(30)、🔲(31)、🔲(32)、🔲(156),前二字均为郑县县令的姓氏。

温县盟书中"缪(戮)力为一"的"缪"字,写作如下之形:

🔲温县 WT4 K5:11　　🔲温县 WT4 K5:12

这两个形体,与新郑兵器铭文中的🔲形比较接近,有可能也当释为"缪"。

48. (72)为它字,🔲(37)、🔲(30)为佗,战国文字中"佗"字多见。如下面的例子:

🔲 包山楚简 102　　🔲 新蔡甲三 293　　🔲 上博《李颂》2

《古玺汇编》0968　　　《古玺汇编》1175　　　《古陶文录》5.8.3

兵器铭文中的"✦"也应该释作"佗"。"✦"释作"它"。

49."涉"字作✦(40),与鄂君启舟节的"溯"字同,仅无"邑"旁,金文格伯簋与散氏盘均有"涉"字。

50.✦宗(43)见《说文》宀部,许慎云:"藏也,从宀釆声,采古文保,《周书》曰陈宗赤刀。"今书《顾命》作陈宝。这如同✦加宀为✦,宗实即保字。

51.✦✦(45)从"衣"从"枼","枼"见《说文》本部,金文"枼"字作✦(杜伯盨),其他金文"揲"(拜)、"餕"、"鞣"所从均与此相近似。

△✦玉(46)、玉(136)为玉字,与49、50、53、54号的"璋"所从的✦相同,而与"王"字不同,兵器铭"王"字上二横笔等长,且距离较近(见34、35、47、152号),也与下条距字所从的巨字古文不同(字作✦),则此应为玉字。

52."距"字作✦(47)、✦(51)、✦(48)、✦(49)、✦(50),✦为《说文》卷五《巨部》巨字古文,凡足左、巨右者,兵器文字加一"丿",以示偏旁位置的变动,如同现代并列字改动时的"乙"字符号。

战国文字中有"距"字,写作如下之形:

距末(《集成》11915)　　　　　　距末(《战国文字字形表》265页)

新郑兵器铭文中的"距"字,与上字构形相近或者相同,也应该释作"距"。

53.✦屠字(47),"户"旁铸迹不清,"者"旁作✦,乃春秋以后"者"字习见形体。与陈侯因咨镎的"者"字和中都布、高都布(《辞典》图28—33、203—209)"都"字偏旁同。

"屠"字见于以下战国文字:

春成左库戈　　　　　十四年郑令戈　　　　　锋肩尖足空首布

　　　　　　　　　　　　　　　　　　　　　(《战国文字字形表》1269页)

54.✦✦(47)下从者,上即《说文》甾部的甾字,小篆作✦,古文作✦,子陕鼎有✦✦,齐叔夷钟(《大系》录编244页)有✦,孙诒让释"淄"(《古籀拾遗》上8),系从水省,从两"甾"相背,此字则从"甾"从者,为"奢"。

55.✦✦(69),下从"者"声,与上二字同,上为"聿"省,当为"书"字。战国文字中的"聿"在用作偏旁的时候,上部笔画常常有简省。如"畫"字寫作:

上博《曹沫之阵》10　　清华简《琴舞》8

九店楚简中的"書"或者写作如下之形：

71号简

是把"聿"省写作了"又"形。战国文字中"書"字较为常见，如三晋文字中的"書"字写作：

《古玺汇编》2541　　　《古玺汇编》5187　　　温县盟书 WT1K2:159

兵器铭文中的"書"字，把"聿"省写成"又"的情况，与九店楚简中的"書"字类似。可见把此字释作"書"是可以成立的。

56."乐"字作(106)和(107)、(144)、(124)。

战国文字中的"樂(乐)"字极为常见，如下面的形体：

令狐君壶　　　二年邢令戈　　　《古玺汇编》1375

三晋文字中的"樂"字，有把所从的左右两个"⅄"形省成"彡"、"⟍"的现象。如"樂"字或者写作：

上乐床鼎(《集成》2105)

又如三晋文字中的"戀"字，写作：

戀左库戈(《集成》10959)　　　《古玺汇编》2535

兵器铭文中的"戀"字或者写作：

元年相邦建信君铍(《战国文字字形表》第314页)

三晋文字中的"鞏"字，一般写作如下之形：

少府盉(《集成》9452)　　　十二年盉(《集成》9450)

《古玺汇编》2503

但是也有写作如下之形者：

[图] 三年壶(《集成》9692)

新郑兵器铭文中的"樂",有两种不同的形体。《急就篇》注:"乐氏之先,与宋同姓;戴公生乐父衍,是称乐氏。"

57. "曾"字见于 96—102 号,除 100 号作 [图] [图] 外,大体均作 [图](102)、[图](101),且均为同一县令名,参照"乐"字简化规律,这也为变形代替的简化,直至汉隶,"幽"字有时还作 [图](如夏承碑)。

战国文字中把"8"形省成"彡"形的例子,如:

樂: [图]《古玺汇编》1375,又写作: [图] 上乐床鼎《集成》2105

[图](137(144))、[图](126(124))

鞏: [图]《古玺汇编》2503,又写作: [图] 三年壶《集成》9692

慎: [图] 上博简《缁衣》9,又写作: [图]《古玺汇编》4284

在新郑兵器铭文中,"曾"字既可以写作 [图],也可以写作 [图]曾,是完全符合战国文字发展演变规律的。

58. 罍字作 [图] 罍(110)、[图](112、113),此字又见于《三代》20·20 戟铭,作 [图],从土,[图] 声,[图] 即"畾",即"雷"字。沼罍(《金文编》第 751 页)有 [图],借为樽罍器名。陶文"雷"字(《眷录》11·2)也如此。[图] 变作"罍",为省去字的一部分的简化。此罍为姓氏,汉印有罍永、罍宫、罍当时。

59. 皇作皇(55)和 [图](53)、[图](54)、[图](50),(50)皇字乃省形简化,金文皇字上多三竖划。皇为姓氏,《左传》有郑大夫皇颉。

60. [图](49),陈平作陛坪

郭沫若同志指出,"陈"为田齐之"陈",以示与陈国之陈有别,"坪"即"平",平安君鼎可证。

战国文字中,从"阜"的字往往加上"土"旁,是极为常见的现象。如"陈"字一般写作:

楚系文字: [图]《古玺汇编》0281   上博简《昭王毁室》3

三晋文字: [图]《港续》59

齐系文字：陈御寇戈(《集成》11083)　《新出齐陶文图录》039

而"平"字，也多有增加"土"旁者。在战国文字中，多用"坪"表示"平"。如：

楚系文字：曾侯乙钟　　　　　清华简《楚居》12

三晋文字：平安君鼎　　　　　《先秦货币大系》4075

齐系文字：高平作戈(《集成》11020)

燕系文字：《古玺汇编》0013　　《先秦货币大系》2329

61. "觮"作 (46)、(47)，《说文》未收此字，战国文字角字写作：

《珍秦斋·战国篇》36　　《古玺汇编》0893　　《玺考》217

羊角戈　　　　　《陶录》3.393.4　　　《古玺汇编》4116

"印"字写作：

云梦《答问》56　　清华一《祭公》2　　上博六用16

不过，此字也有可能是从"角"从"色"的字。战国文字中"色"字写作如下之形：

云梦《日甲》69反　　　　　清华四筮法42

因此，此字也可以隶定作"觖"。

62. "艅"字作(60)，《说文》未收。

63. "璋"作(49)、(52)、(56)。

"璋"字见于以下战国文字：

《古玺汇编》1640　　　　　《古玺汇编》0232

陈璋方壶(《集成》9703)

兵器49—56号的司寇均为彭章，有时章旁从王(玉)，王非鄱侯簠之巨，乃战国时横画的写法之一，如十作十或十，清华简《筮法》4"屯"作，陈璋壶璋作，与此可互证。

64. "阪"作  (57)。

云梦秦简《日书》甲76反   石鼓文

上博简《曹沫之阵》43

《说文·阜部》阪字下云："坡者曰阪,一曰泽障,一曰山胁也,从阜,反声。"引铭 堕 即 "阪",因原为反的古文,见《说文》,如散盘"陵"字下加二横同。

65. "乔"作(63),曾伯陭壶有鐈字,作 (《春秋文字字形表》第597页),所从的"乔"与 此同。

66. "耴"作 (72),此字在三晋文字中不多见,写作如下之形:

1:52   三十一年郑令戈(《集成》11398)

三十二年郑令矛(《集成》11555)   三十三年郑令铍(《集成》11693)

三十四年郑令矛(《集成》11693)   元年郑令矛(《集成》11552)

《古玺汇编》1052   《古陶文录》5.39.2

以上"耴"字,均用作人名。

67. "芋"字见于 (81)、 (82)、 (83)、 (84)、 (85)、 (86)、 (87)、 (109)、 (110),作 ,战国古印文也常见此字:

"芋"字还见于以下战国文字:

上博简《李颂》2   清华简《系年》57

上博简《孔子诗论》9   《古陶文录》5.14.3

《史记·孟子荀卿列传》:"阿之吁子焉。自如孟子至于吁子,世多有其书。"《索隐》引《别 录》作"芋子"。

从上博简等文字中"芋"多读作"华"来看,新郑兵器铭文中的"芋"很有可能也读作"华", 用作姓氏。

68. "弗"作 (91)、 (90),后者系铸款,未铸全,战国印文常见此姓,或作"茀"。

69. (91)、 (90)、 (149),下从"心",上乃"芋"简化,郭沫若、朱德熙二先生释

"料"，有时读"半"，说详郭沫若《金文丛考》改编本 230 页和朱德熙《战国记容铜器刻辞考释四篇》（《语言学论丛》第二辑，1958 年）。按此"恙"字，可读"恙"。

战国文字中常见"斜"字。如下面的形体：

新郑兵器铭文中的字从"心"、"斜"声：

"垄"　（99）、　（100）、　（101），隶定似为"坚"，此字乃"垄"字。战国文字中的"垄"字，写作如下之形：

朱德熙、裘锡圭二同志释陶文的　为"垄"字（见《关于侯马盟书的几点补释》，《文物》1972 年 8 期 38 页），可从，此字下又无点，也为"升"的简化。

70. 　仅(96)，李佐贤《续泉汇补遗》上 7 有邨　，　即斜，为料字，货币文字读半。

71. 戢(102)、戢(111)、　戢(122)

战国文字中有"䕫"字，写作如下之形：

此形与《说文》"䕫"字籀文完全相同。侯马盟书中还有从"角"、"䕫"声的字。如：

三晋玺印文字中，还有下面的字：

此字当为从"角"从"謈"省。所从的""形,就是《说文》"謈"字籀文的简省。

新郑兵器铭文中的散等字形,也应该看作是从"肉"、"謈"省声的字。可以释作"脖"。

72. (111)、(112)、(113),从"贝",右旁从,命(令)瓜(狐)君壶"受"字作,所从与(112)同。

三晋文字中的"绶"字写作:

七年大梁司寇绶钺　　　　　　　　《珍秦斋藏印•战国编》97

新郑兵器铭文中的等字形,所从偏旁与"绶"相同,所以当隶定作"賝"。

73. (116)、(117)、(118),依字形应释"匜",即"簠"。孙贯文先生释此字为"固",云金文、玺文从"囗(音围)"之字,或省作"匚",如国差罐之"国"作國。以固为名之例《左传》宋有公孙固,齐有高固,战国印中名固者也常见。

战国文字中有"固"字,写作如下之形:

秦系文字:　成固戈(《集成》10938)　　　里耶 8-209 正

楚系文字:　包山楚简 191　　　　　　郭店《老子》甲 34

三晋文字:　十三年壶(《集成》9686)　行气玉铭

齐系文字:　《古玺汇编》3685　　　　《古陶文录》2.7.1

"固"形与新郑兵器铭文中的"匜"形体有别,释"固"非是。战国文字中另有"匜"字,如:

畲前匜　　　　　包山楚简 265　　　　　郭店《穷达以时》3

新郑兵器铭文中的""""等,都应该释作"匜"。

74. 貣(116)、(118)、貣(138),均为人名,前二形为同一人名,知为一字,金文貯字作或(颂簋),故此字乃"貯"字。李学勤释此为"贾",正确可从。

战国文字中"贾"字写作:

包山楚简 212　　　清华简《系年》46　　　清华简《说命下》3

清华简《命训》9　　　孖鼄壶(《集成》9734)　　《古玺汇编》2986

新郑兵器铭文中的"贾"字,与上面的形体相同或相近。

75. （124）、舍（136）

此字上从"余"，下从"予"，当释为"舒"字。战国文字中有"舒"字，写作如下之形：

舍 包山楚简 238　　　舍 上博简《周易》49　　　舍 包山楚简 193

舍 清华简《耆夜》13　　　舍 十一年皋落戈

76. （59）、（130）为"卭"，见《说文》邑部，国名。文献作"江"。此字又见于卭季戈。

77. 啟字作 （72）、（83）、（84）、（144）为"戠"。古文从支与从戈相通，故（144）为啟。

78. 羍（147）

此字上从"氏"，下从"羊"，当释为"羝"字。战国文字中有"羝"字，写作如下之形：

羝《货系》549　　　羝《古玺汇编》0349　　　羝《古玺汇编》1325

羝《古玺汇编》3421　　　羝《古玺汇编》0910　　　羝《古玺汇编》2169

羝《古玺汇编》1325

从"羝"在三晋玺印中多用作人名来看，新郑兵器铭文中的"羝"字，用作人名也是丝毫不奇怪的。

79. （154）

此字上从"网"，下从"离"，当隶定为"罱"。"离"或又从"糸"，可以隶定作"䍐"，应该是"罱"的繁化。战国文字中"罱"字见于：

罱 三年汪匋令戈（《集成》11354）　　　罱《古玺汇编》1768

罱《古玺汇编》0456

80. 杕（153）

"杕"字见于以下战国文字：

 云梦秦简《秦律十八种》134　　　 里耶秦简 8-2247

杕 公朱左自鼎（《集成》2701）　　　杕 杕氏壶

又见于郑州二里岗出土陶文,均为姓氏,阙疑,隶定为"杁"。

81. 絴(153)阙疑,左从"系",信阳楚简皆如此。右边所从疑为"尧"字,可释为"绕"。

82. "绹"作 (142),与上字所从"系"同,为"绹"字。

83. (143)

此字左边从"鸟",右边所从可以与战国文字中的"凿"字相比较。侯马盟书中的一个参盟人员"比凿","凿"字有多种异体,如可以写作如下之形:

侯马盟书 56:25 　　侯马盟书 156:22 　　侯马盟书 156:23
侯马盟书 3:20 　　侯马盟书 179:18 　　侯马盟书 156:19
侯马盟书 179:14 　　侯马盟书 185:2

"凿"字所从的" 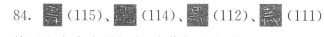 ",与" 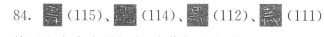 "所从的" 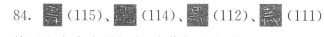 "应该是同一个字。" 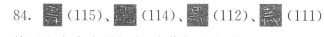 "大概可以看成是"凿"的初文。若此,则 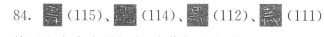 可以看成是从"鸟"、"凿"声的字。

84. (115)、 (114)、 (112)、 (111)

战国文字中有"畢"字,写作如下之形:

珍展 82 　　　　秦风 139 　　　　关沮 149
邵黛钟(《集成》226)

我们认为新郑兵器铭文中的"  ",应该就是上揭"畢"形的进一步简省,即把中间的"甲"形简化为"二"形。

兵器铭文姓氏将近七十,如女、兖等字形无需多说,故未加诠释。名字多奇字,未能尽识。上述考释次序依偏旁相近者并排,以省笔墨,便于比较其同异。

六、郑县兵器和大官兵器的
国别和年代

这批兵器至少 93 件有铭文(加上残泐者则更多),有"奠"字,其中有 ▢(4)、▢(9)、▢(13)、▢(21)、▢(26)、▢(56)、▢(72)、▢(96)诸体,而以 72 号剑铭的 ▢ 为代表,数量最多。金文郑登伯鬲、郑虢仲簋及魏三体石经古文,郑字均作"奠",长沙楚墓出土郑左库(该简报释"军")戈的"郑"字作 ▢,已加邑旁①。此外在古玺文字中郑字有六种写法,均加邑旁,作:

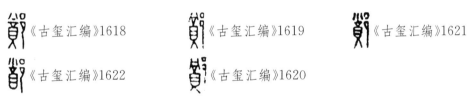

《古玺汇编》1618　　　《古玺汇编》1619　　　《古玺汇编》1621

《古玺汇编》1622　　　《古玺汇编》1620

其"郑"字书体与此兵器所见"郑"字大同小异。河南省舞阳县吴桥发现的郑上库戈,"郑"字亦作奠,时代较早些。

甲骨文已有"南奠(郑)"之称(说详丁山《殷商氏族方国志》,见《甲骨文所见氏族及其制度》88 页),西周时东西两方均有"郑"(说详陈梦家《西周铜器断代》87 免簋考释中,《考古学报》1956 年 4 期 110 页)。《水经·洧水注》引《竹书纪年》曰:"(晋文侯)二年,周惠(周厉)王子多父伐郐,克之。乃居郑父之邱,名之曰郑,是曰桓公。"而《汉书·地理志》注引臣瓒曰:"郑桓公寄奴(或作帑)与贿于虢、会之间,幽王既败,二年而灭会,四年而灭虢。居于郑父之邱,是以为郑。"(引自《古本竹书纪年辑校订补》33 页)

据《郑世家索隐》引《世本》,郑桓公居诚林(郑玄《诗谱》作咸林),即今陕西省华县地。大约在周平王二年(公元前 769 年),郑武公与王子多父灭郐,而居住在郑父之丘,于公元前 767 年,郑人又灭掉虢国(据《汉书·地理志》臣瓒注)。郑国在灭了郐、虢之后,于公元前 765 年,定都溱水(今名黄水河)、洧水(今名双洎河)之交汇处,即今新郑县城附近。据《史记·韩世家》:"(哀侯)二年(公元前 375 年),灭郑,因徙都郑。"(《索隐》引《古本竹书纪年》所载略同)韩既居郑,因此当时称韩为郑,如魏徙大梁称梁。《战国策·韩策》有谓郑王曰,郑王即韩王,有

①　湖南省博物馆:《长沙柳家大山古墓葬清理简报》,《文物》1960 年第 3 期 51 页,27 页图 28。

时又称郑君(见《韩非子·说林篇》)。

单称"郑",或指韩国,或指郑城,或指郑县。

古"命""令"一字,如 30 号戈为"令",65 号矛为"伶",其他则多为"命"或"伦","命"从"人",表示为职官名,而区别于动词"命令"的"命"。"郑伦"即郑县县令的省称,因战国时实行地方郡县制,故在这批兵器铭中,"伦(令)"上的地名,均为县名,143 号戈的"咎苔大命(令)"乃县令的尊称,如同郡守称大守。除 156 号戈"平匋(陶)"下省"命"字外,县令铭的普遍出现,正是战国兵器铭时代性的特点之一。

春秋时代郑国尚无县制,邑的长官称封人。如颖考叔为颖谷封人①。战国时韩国确有郡县地方制,并且郑县兵器及大官兵器职官多韩姓,可见这批兵器必为战国时韩国兵器。

34 号和 35 号戈铭"王二年""王三年"的王即韩国某王。据《史记·韩世家》所载韩国最高统治者的世系,在韩宣惠王以前有景侯、列侯、文侯、哀侯、昭侯等。据《史记·六国年表》周显王四十六年(公元前 323 年),即韩宣惠王十年"君为王",清汪越撰、徐克范补《读史记十表》(《二十五史补编》本)即据此谓韩宣惠王十年称王。但《史记·秦本纪》云:"(惠文君)十三年(公元前 325 年)四月戊午,魏君为王,韩亦为王。"《周本纪》正义引《秦纪》云:"秦惠王十三年(公元前 325 年)与韩、赵、魏并称王。"(今本《史记》无此文)这表明韩宣惠王八年,即公元前 325 年,韩国已称王②。

由此可见,"王二年"或"王三年"铭文的兵器其时代不会早于韩襄王二年(公元前 310 年)或三年(公元前 309 年)。

郑县兵器铭文纪年最多者为三十四年,且有八件。从韩武子元年(公元前 424 年)至韩王安九年(公元前 230 年)的所有韩侯和韩王,只有韩桓惠王在位长达三十四年,并且恰恰仅为三十四年,兵器铭文与史文所载如此契合,则有三十四年铭文的兵器必为韩桓惠王三十四年所铸。据《史记·韩世家》云:"三十四年,桓惠王卒,子王安立。"桓惠王三十四年,即公元前 239 年。

81 号矛铭:

元年奠(郑)伦(令)籴(郭)潘頟(司寇)芊庆生库禾(工师)皮虿任(冶)君(尹)攴敨(造)。

这个郑县县令"籴(郭)谐"和生库工师"皮虿",从 64 号戈至 83 号戈(详释文部分),即按卅一年、卅二年、卅三年、卅四年、元年、二年、三年次序排列下来,官职与姓名均未变动,并且兵器铭亦相衔接无矛盾,可见卅四年之后的元年,必为韩王安元年,也就是说从韩桓惠王卅一年至韩王安三年,紧相衔接。以此为基点,探讨其他郑县兵器年代如下:

郑令、司寇、工师、冶尹(个别的称冶)是 63 至 87 号的 19 条铭文的共同文例,从 90 至 103

① 顾颉刚于《春秋时代的县》一文云:"郑、宋、卫诸国疆域不大,大约都没有县制。"他以《左传》襄公二十六年郑伯赐邑之例证之,其说可信。该文载《禹贡》半月刊第七卷第六、七合期,181 页。

② 详见《先秦诸子系年考辩》101 韩始称王考及《六国纪年》112 页韩、秦称王条。

号的 14 条铭文也符合这一文例，并且这四年、五年、六年、七年、八年连续不断，郑令先后为韩半、公先誾；司寇先后为张朱、宜半、史地三人；武库工师先后为弗忢、张丘，冶尹为㪍、壎；左库工师先后为夷阳臭、金庆，冶尹为弱、猏（犴）冹；右库工师为春高，冶尹为壎。在这些相同官职中，依人名相同相系连，可以证明此四年至八年是紧相衔接的。但与韩王安三年以前比较，除壎、弱、坡等冶工系世业，无变动外，官员变动极大，我们根据文例（如冶人称冶尹）、"命"字多加"人"旁及冶工相同，可以推断此四年至八年与韩王安三年相连接，即系韩王安四年至八年。《史记·韩世家》："（王安）九年，秦虏王安，尽入其地，为颍川郡。韩遂亡。"韩国亡国那一年自然无暇铸器了。大官兵器铭文文例自成一个体系，根据上述同样理由，109 号和 110 号戈的卅二年，应为桓惠王三十二年，而该年邦库啬夫芋庆至韩王安元年，已调任到郑县作司寇（见 81 号矛），并且一直连任到韩王安三年，因此郑县兵器与大官兵器两种铭文由于芋庆的中介，可以认为是同时同地两个系统的兵器，可以互证。

为了说明大官系统的兵器相互关系，特列下表：

大官系统兵器铭文联系表

编号	器号	年代	冢子	邦库啬夫	大官	上库啬夫	库史	下库啬夫	库史	器形
1	106 戈	十八	韩矰		铸 大官			乐雍	安	乙Ⅱ
2	107 矛	廿	韩矰					乐雍	餡	甲Ⅰ
3	109 矛	卅二	韩春	芋庆	刻 大官			长（张）虘	猏	甲Ⅰ
4	110 戈	卅二	韩春	芋庆	刻 大官	壘臀	春			乙Ⅱ
5	111 戈	元	肖（赵）敾（悖）	贱臾	刻 大官			长（张）虘	猏	乙Ⅱ
6	112 戈	二	韩政	贱臾	刻 大官	壘臀	斗			乙Ⅱ
7	113 矛	二	韩政	贱臾	刻 大官	壘臀	斗			甲Ⅰ
8	114 戈	四（或三）	不（师）态韩政（政）	韩狐	刻 大官			长（张）虘	猏	乙Ⅱ
9	115 戈	六	韩政	韩狐	刻 大官			长（张）兴	劰	甲Ⅱ
10	116 戈	七	韩政 韩㥇	韩固	刻 大官	狢贾	衆			乙Ⅱ

编号	器号	年代	冢子	邦库啬夫	大官	上库啬夫	库吏	下库啬夫	库吏	器形
11	117 戈	七	韩政 韩狻	韩固	刻 大官			长(张)兴	丰	乙Ⅱ
12	118 矛	八	韩政 韩狻	韩固	刻 大官	狢贾	众			甲Ⅰ

　　从上表可看出,由壨臂和长(张)虘的联系,可将 3 至 8 串连一起,库啬夫任职期间一般不长,故不可能将元年、二年、三年列于卅二年以前,只能在其后,桓惠王卅二年以后的元、二、三年,必为韩王安纪年无疑。由韩政将 6 至 10 联系起来,即将韩王安二年至八年联系起来,兵器铭至八年为止,绝非偶然,它与郑县兵器截止韩王安八年是一致的,两个系统的兵器占这次发现的大部分,它表明这两个系统的兵器的铸造下限为韩王安八年,即公元前 231 年。

　　至于 44 至 56 号的十三件兵器,由武库工师壐(铸)章、郑令肖(赵)距和司寇彭璋的联系,可以肯定,这九年至十七年的兵器是年代相近的,并且是连贯的。57 至 61 号由司寇吴裕的联系即可看出这二十年和二十一年是连接的。

　　据 49 和 57 号比较,十五年和二十年的右库冶工都有赣,据 44、53 和 59 号相比较,武库冶工均有狋,可证九年、十七年和二十年是相近的,因此推测 44 至 61 号是紧连的,即从九年至二十一年是可以顺序排列的。在桓惠王以前,襄王仅在位 16 年,只有安釐王在位 23 年,所以这些兵器可能是桓惠王九年至二十一年的,也可能是安釐王九年至二十一年的。

　　郑县兵器,如 34 至 38 号,无法推定其绝对年代,但大体上,无司寇勒名者较司寇勒名者早。司寇主兵、刑,掌司法,大官系统兵器,不刻邦库啬夫者较刻邦库啬夫者早,这也反映出韩国在亡国前几十年内国内外阶级矛盾激化,韩国封建统治者越来越加强了对兵器的控制和对人民的镇压。

七、兵器埋藏原因试探

这次发现的兵器全部集中埋在一小土坑内，虽然我们开了一个 2×5 的探方，但周围并未普遍钻探与清理，据部分钻探结果，兵器坑周围无战国晚期的墓葬或冶铜遗址，兵器坑与其周围的关系，虽然还需进一步探索，就目前资料看，这个兵器坑系有意埋藏则是无疑的。目前尚未发现与周围有何联系，虽然此地距郑韩故城的铸铜、铸铁遗址均不远，但这批兵器本身绝非为改铸而放置，因为这些兵器完整的不少，还有些兵器因常年在土中侵蚀、受压，锈蚀与断裂不少，出土时脆断一些，如果说那些破碎的残块为改铸用，那些完整的就没有改铸的必要了。其次，这个坑内无其他铜器，全为兵器，如果为改铸之用，凡铜器均可收集，不会如此单纯。

这些兵器也不是新铸出来加以存放者，因为观察这些兵器刃部往往有使用痕、磨砺痕，在修复时还发现个别矛骹内有积竹柄残片，系积竹矛柄的遗留，表明这些兵器曾使用过，再则这些兵器从时代与地区看很复杂，不是仅仅郑县一地成批的兵器。

这些兵器可能是由于某种政治变故，而有意埋藏的，埋藏位置又恰巧在一战国时废井之上，附近或许有武器库，这是由库里取出埋下的，或者是临时收集的，集中埋在那里。

根据有铭文的部分铜兵器看，来源较复杂，不纯粹是韩器，但以韩器为主，时间虽长达数王之久，郑县和大官兵器占多数，其中多为韩桓惠王晚年和韩王安时期的，最晚到韩王安八年止。据《史记·韩世家》，韩王安九年韩国亡，这批兵器未发现韩王安九年铸造者，大约韩王安九年因兵连祸结，无暇铸兵，正如《晏子春秋·杂上》所说"譬之临难而遽铸兵，虽速，亦无及矣"。其埋藏时间最早在韩王安九年，很可能是在这一年，当秦内史腾攻韩，兵临城下时，韩国贵族在亡国前夕，把他们控制的部分武器，仓促地埋藏地下，既防止这些兵器落入秦军或本国人民之手，又可为其保存武器，等待时机，以图重整旗鼓、东山再起。

这些兵器在秦始皇灭韩后搜集铜兵器"聚之咸阳"，销兵为金人时，未被发现，后来历代均未发现，一直遗存至今，现在成为揭露战国时期韩国封建贵族残酷地镇压人民和进行封建兼并战争的有力物证。

八、关于铸造与器铭的
文字诠释

1. 释　冶

从 34 号铭至 157 号铭的一百多件兵器铭文中常见一 [字] 字，或作 [字]，部分兵器铭作 [字]，或作 [字]，或作 [字]（156）。

近于前一写法的有 154 号的 [字]，近于后一字写法的有 142 号的 [字]、151 号的 [字]。此外尚有 141 号的 [字]、153 号的 [字]、143 号的 [字]。

按以上诸体，均应为"冶"字别构。"冶"字在战国铜器及兵器铭文中结构变化极大，如作：[字]、[字]（引自《三晋文字编》1606—1619 页）等。

楚王酓忑盘、鐈鼎及其所附的匕与勺的铭文都提到 [字] 帀（师）或 [字]。[字] 为何字，长期以来，聚讼不休。刘节、商承祚、杨树达等释 [字] 为"侃"，杨树达读"侃"为"鍊"或"煉"。容庚、朱德熙等释 [字] 为"刚"，朱德熙读"刚"为"工"，李学勤释"冶"（见《战国题铭概述（下）》，《文物》1959 年 9 期），近见王人聪《关于寿县楚器铭文中 [字] 字的解释》（《考古》1972 年 6 期）一文，也从李学勤同志说释"冶"。李、王之说是正确的，今略加补证。

关于 [字] 不释为"侃"或"刚"，李、王已加论证，其说可参阅，不赘叙。

战国时三晋兵器铭文均有一定辞例，即以这批兵器而言，工师某下，例为 [字] 或 [字]，如 41 号和 43 号，铭文前部分相同，后一部分一为生库，一为武库，在工师之下，或作 [字]，或作 [字]，职名应相同，115、116、117 和 118 号同为大官之兵，库吏下，或为 [字]，或为 [字]，或为 [字]，其职名亦同，知 [字] 与 [字] 仍一字异体①。

我们认为由于发现 150 号作 [字]，为"冶"字最繁的结构，根据"冶"字所从的 �$，可正写或

---

① 唐兰先生批注：苏枳妊鼎的枳即冶字，楚器把匕移到左边而把二移在口下而已。我曾把枳字告诉王人聪，此事他在文章里也讲到了。

反写,其位置亦变动不居。由 ![字] 省火,则成 ![字] ,由 ![字] 省口,则成 ![字] ,从火之字,有时全简化为土,则此 ![字] 可简化为 ![字] 或 ![字] 。今列表如下:

![字] —— ![字] —— ![字] ——![字] (或![字])

‖——![字] (或![字])

![字] —— ![字] —— ![字] ——![字] (小篆冶字)

2．释　　造

在这批兵器铭中习见"敱"字(如 41 号),其字在传世兵器铭文中也有,此乃"造"字。因其变体较多,大别之有以下几类:

Ⅰ：![字]賚(168、122);

Ⅱ：![字] 敱(41、69、72—88,其中有个别残泐不清),敱(111、122);

Ⅲ：![字] ![字] 敱(46、52、66、90、93—97、99—102、110、112、114、116、123、132、131、144、137、138、136、146、129、155、157);

Ⅳ：敱![字] (115、117、118),敱(145、149、151、152),敱(153)。

第Ⅰ类也见于以下诸器:

> 宋公繺戈："宋公繺(栾)之賠戈。"(《双剑誃古器物图录》上.34)
> 宋公得戈："宋公尋(得)之賠戈。"(《书道全集》一：一○三,新版图二十七)

以及不易戈(《三代》19.52)和古陶文(《香录》2.3)。二"賠"字,容庚释"造"是对的①。"賠"与"造"同从"告"声,吴大澂谓"造"与"誥""賠"异文,恐非是。

Ⅱ类于韩桓惠王三十三年至韩王安三年郑县兵器中常见,此即于"賚"字旁加攵,成"敱"。"敱"与"賚"一字,如齐侯敦"臺"字,即陈猷釜"敨"字,从攴,有时与从辵之字相通,《玉篇》卷十辵部云："退,蒲迈切,怀也,败走也。"(上海商务印书馆缩印本)按败走,今通用败。《周书》曰："我兴受其退。"而《尚书·微子篇》今作："我兴受其败。""退"与"败"音义相同,我们说"敱"与"造",均从"告"声,亦得相通,至少"敱"为"造"字的假借字,则毫无可疑。"告"字移开则作"敱"。

Ⅲ类系从"敱"字省口而成,"敱"字可见于各地兵器铭,韩王安四年至八年的郑县兵器,造字均作"敱"。《匋斋吉金续录》卷二·页二五所录六年安阳命韩王剑的敱字也属这一类。

Ⅳ类是由"敱"字讹变,"贝"讹变为"目",作"畠",省去下边两撇,则作"敱",由此讹变为"敱"。

---

① 见容庚《鸟书考》,《中山大学学报(哲学社会科学)》1964 年第 1 期。

　　"造"字变体不限于这些,如羊角戈、郏大司马戟、滕侯耆戈、淳于戟以及《说文》"造"字古文均作"艁",而颂鼎、颂壶和颂簋作"䠐",邦造鼎作"遭",秦子戈作"䇗",申鼎、㦰戈作"造",曹公子戈、陈卯戈又作"锆",滕侯戟作"䠶"。

　　从以上所举,足以说明,从西周金文以来,造字在铜器上,尤其在兵器上,异体甚多,可谓随意创"造",但均从"告"声。至战国时形体愈复杂,甚至也不从"告"了,因此如"敳"或"敳",很难认出是"造"字。这使文字作为交际及交流思想的辅助工具发生了障碍,与此同时,即战国末年,同一文字的要求就提出来了。秦统一六国后,采取"书同文"的政策,用小篆来统一六国文字,使文字趋于整齐简易,这是存其客观要求的,即以上述纷繁别异的"冶"字与"造"字而言,文字也非同一不可。

　　黄茂琳同志将此字隶定为"敳",云"其字不见字书,应表兵器制造某种工序,如同'执齐'之类,只是目前我们还不能详知"[①]。我们认为从这个字的种种变体,其字为造字无疑。

3. 释铸、胜[②]

　　① 148 号铭云:七年坙伦(令)旆(韩)胡可(司)敆(寇)毛丹右库工师司工(空)思 伹(冶)幽𢾖 鈏端筋(戟刃)。

　　② 134 号铭云:□九年雔(雍)氏右库𢾖 鈏。

　　③ 135 号铭云:十九年氏亻左库𢾖 鈏。

　　④ 十八年郙(雍)氏左库𢾖 鈳。(《奇觚室吉金文述》10.26 戈铭)

　　⑤ 平阳高马□里鈏。(《三代》19.44,河南省博物馆藏戈)

　　⑥ 廿九年高都命(令)陈□夨(工师)□伞 。(《录遗》596 剑铭)

　　⑦ 卅年虎端(令)瘅(雍)氏史馅 纪(冶)巡鈏厝(容)四分。(《录遗》522 称釜,应称鼎,器盖对铭)

　　⑧ 郣(梁)廿又(有)七年大郣(梁)司寇肖(赵)亡(无)智鈏,为量厝(容)伞(料)齍,下官。(《文物》1972 年 6 期 23 页图六鼎铭)

　　⑨ 郣(梁)廿又(有)七年大郣(梁)司寇肖(赵)亡智鈏为量厝(容)四分。(《三代》3.43 鼎铭)

　　⑩ 十三年陕隂(阴)命(令)率上官开 子疾任(冶)矛 鈏,厝(容)伞(料)。(《三代》3.40 鼎铭)

---

①　见黄茂琳《新郑出土战国兵器中的一些问题》,《考古》1973 年第 9 期,第 379 页。

②　唐兰先生批注:此篇问题很多。凡把握不大的,最好少说。虢叔盨錞字是从金,从毳声。又字是寿的一部分,写入镈下面,并非从匽从金。把金读成铸,在形声义三方面都无联系,值得考虑。看上去把鈏释为动词是可取的,但究竟是什么字,还得深入研究,不要操切。𢾖 字似是潕字。

⑪ 卅五年安□命(令)周□□□□冶期釙，膚(容)半(料)鬲，□(下官?)库。(此据摹本)
(故宫藏器)

⑫ □年　□乔(工师)□所釙战(戟)。(此据摹本)

以上十二例均见"釙"字，孙诒让于《古籀余论》上 22 页，释上文⑨大梁司寇鼎为字前二字，为"晋釜"二字的"讹缺"，因为梁为晋之故国，作晋釜者，明用旧量，如齐釜亦有新旧二量。杨树达于《积微居金文说》235 页窑△子鼎跋亦从而释上文⑨大梁司寇鼎此二字为晋釜。朱德熙①释上文⑩十三年鼎二字为乘釜。于省吾《商周金文录遗》19 页称上文⑦卅年鼎为卅年釜，而在《录遗》编辑前，他曾于《双剑誃吉金文选》下 1.21 释上文⑨大梁鼎二字为"智铈"。此外，李学勤《战国题铭概述(中)》②将上文⑦、⑨、⑩三器均释为釾，谓是鼎的别名，云上文⑩现藏故宫博物院，形制正是鼎。沈之瑜《大梁司寇鼎考释》③从李说，释智釾。

按以上诸家之说，或释"釜"，或释"铈"，或释"釾"均系误释，正如李学勤同志指出的，上文⑩器形为鼎，释"釜"不攻自破，其实上文⑦—⑪五器均应为鼎，故称鬲，未称者乃省文。并且金文陈猷釜、子禾子釜的釜字均与此不同。尽管从父之字，有时与又相似，如子禾子釜作🖐，余义编钟父作🖐，但此字从"金"，与"釜"从"缶"不同，至于释"釾"，谓是鼎之别名，此字在兵器上亦有发现，可见绝非鼎名，同时鄂君启节尹作🖐，战国时"尹"字多如此，所从"尹"旁均无竖笔移至又下者。此字下不从"巾"，绝非"布"字。于先生后来已改释为"釜"，可见释"铈"亦不能成立。

裘锡圭、朱德熙认为此字从"金"从"寸"，据文义，这个字用为动词，当是"铸"字的异体④。李学勤、李零、于豪亮、张政烺、赵诚、黄盛璋等学者先后都提出释作"铸"的意见。无疑是正确可信的。张政烺提出所从"寸"，是"肘"字省声，李天虹进而认为是"肘"字初文⑤。

"铸"字既定，再释"铸"前一字，其字变体较多，但均上从 ⚘ 或 ⚘、⚘，此与"乘"字所从相近，但细加区分，此字为两臂饰物，而乘则突出两腿，如甲骨文之"乘"作🖐(《合集》32019)，象人跨在树杈上，金文的乘字作🖐(公臣簋)、🖐(乘公簋)，均表示以双腿骑乘，因此时早已脱离树居生活，故改从"几"。因为乘车与"车"有关，故或从"车"。"乘"在战国文字中极为常见，如楚系文字：

 郭店《语丛 26》　　 上博《君子为礼》乙 2　　 新蔡甲三 79

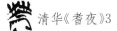 清华《耆夜》3　　 清华《说命中》3

① 朱德熙：《战国记容铜器刻辞考释四篇》，刊《语言学论丛》(新知识)第二辑。
② 刊《文物》1959 年第 8 期，第 61 页。
③ 《文汇报》1962 年 10 月 14 日第 3 版。
④ 《朱德熙古文字论集》第 92 页，中华书局 1995 年。
⑤ 参看曾宪通、陈伟武主编：《出土战国文献字词集释》，第 6841—6848 页。

包山楚简 267　　　　郭店《语丛二》26　　　　清华《系年》121

三晋文字中的"乘"字写作：

温县盟书 WT1K14：867　　　　　　公乘方壶

《古玺汇编》1107

燕系文字"乘"字写作：

二十年距末（《集成》11916）　　　　丙辰方壶

《古玺汇编》0251　　　　　　　　　《古玺汇编》5672

《古玺汇编》3945　　　　　　　　　《古玺汇编》0742

《古玺汇编》0022

"公乘"合文亦见于战国古玺印：

《古玺汇编》4068　　　　　　《古玺汇编》4069

复姓"乘马"：

《古玺汇考》324　　《古玺汇考》324　　《古玺汇考》324　　《珍秦斋·战国篇》37

战国文字中有从"力""乘"声的"胜"字，写作：

郭店老乙 15　　　上博曹 46　　　包山 169　　　十三年上官鼎

陶汇 3.154.1

或者省去其中的"几"形，写作：

郭店成之 8　　　上博七武 13　　　玺汇 0947　　　玺汇 2994

或者省作：

郭店尊德 36   陶汇 3.1304

新郑兵器铭文中用为人名的文字作 、、、、、、、,皆当看作是从"力"、"乘"省声之字,实为"胜"字异体。

4．释 戟

新郑兵器铭文造字下有些带器名"族"字,因其变体多,大体分以下四类:

Ⅰ. (145)、(136)、(117)、(137)、(118);

Ⅱ. (123)、(122)、(113);

Ⅲ. (144)、(119);

Ⅳ. (82)、(112)、(112)、(149)。

Ⅰ类"族"即"戟"字,前人已有定论。敔戟作"",大良造鞅戟作"",山西长治分水岭 14 号墓出土的宜此戟作""(注:见《考古学报》1957 年 1 期 114 页),此"族"即省去"早",为"戟"字无疑。

Ⅱ类与Ⅲ类乃由Ⅰ类急就讹变而来,无需说明,唯Ⅳ类,旧不识。此字与"弗"字似是而非,新郑兵器文弗作 (91)、(90),古印文作 、(《征》6.5),郘侯腋戈器名"鏃鉟",鉟作"",这些弗字与此字结构均不同。112 号和 149 号很明显,系两戈相并列,合用一笔,参照(123)"族"字所从"戈"可知。82、153 号虽省去左旁"戈"上一笔,当也是"戋"字。此"戋"与《说文》"残"字古文"戔"形似,疑非一字,这如同两"束"相并为"棘",经典借为"戟"字一样,也借为"戟"字。

《居延汉简甲编》1940 简有"棨戟"二字,"戟"作""(见《考古》1961 年 8 期 454 页,于豪亮《居延汉简甲编补释》),将此字与长治分水岭出土的集铭作方戟对照,知"戕"有时写作"戈"。

5．释戟束与戟刃

新郑兵器中有 21 件兵器有"戟刃"或"戟束"铭文,其中除 1 件系书款外,全为刻款,未发现铸款。因铸款需要先以玺印打在戈范或矛范上,不带器名,玺印可随意打印在两种范上。故郑县兵器如 18、19、82 均在铸铭之后,另刻出器名。

据 112 号戈铭 (戟)刃、113 号矛铭族(戟)束,除冶人不同外,铭文全同,即于同年同地同库所造,而且有共同的监造者。戈或戟称戈刃或戟刃,矛或戟上的束称戟束。因刻出器名者有限,尚未发现戈和矛除器名外完全同铭者,但由此亦可表明,新郑兵器中还有戈、矛结合的戟存在①。

束为戟上矛的名称,说详《新郑郑韩故城发现一批战国铜兵器》一文②。"戟束"二字,从前曾见于《陶斋吉金续录》2.25 著录的六年安阳令断矛(该书误题秦安阳断剑),因摹写失真,未被识出。魏三体石经君奭古文束作 ▨,而此兵器铭束作 ▨、▨、▨、▨ 诸形,正与石经古文相合。"束"字在文献中多作"刺"。"刺"与"刃"相对举,如《礼记·少仪》:"凡有刺刃者,以授人则辟刃。"矛和戈均以尖端部分为刺,如《荀子·荣辱》论称戈矛之刺,但此处的束已不是矛的尖锋而是矛的名称了。

戟刃和戈刃刻铭见于戈上,矛或戟束为刺兵,绝无称刃者,戈和戟的戈援部分两面有刃,勾兵主要靠援刃勾杀,故称刃,戈虽无刺也称戈刃,乃是由于刃在此已非泛指兵刃(如《淮南子·氾论训》:"铸金而为刃。"即泛指兵器),而是勾兵(或称击兵)的专称,故《淮南子·缪称训》谓:"操锐以刺,操刃已击。"《管子·国准》:"以人御人,逃戈刃,高仁义,乘天固以安己者也。"

戈与戟之别,自程瑶田以来,聚讼已久,情况也较复杂,今据战国时期韩国周围而言,从有戈刃和戟刃刻铭的兵器观察,凡内端平头无刃者为戈,援胡弧度较小,其戈援较宽厚,凡内端呈弧形有刃者为戟,其援部往往有子刺,较窄薄。由此可见程瑶田以内有刃者为戟是正确的,但谓内之刃即所谓"刺",则远非事实(关于此点郭沫若先生《说戟》驳之甚力,今有物证,更证明程说之谬)。于省吾先生于《双剑誃荀子新证》卷二(《双剑誃诸子新证》216 页)云:"戟与刃之异,戟之内有刃,而戈之内无刃。"就这批兵器而言,是很正确的。

6. 释耑戟与雕戟

在戟刃或戟束刻铭前常刻一字,约分五类:

Ⅰ. ▨(145)戈

Ⅱ. ▨(111)　▨(117)　▨(132)(书款)　▨(137)　▨(118)

Ⅲ. ▨(144)　▨(145)　▨(113)

Ⅳ. ▨(122)

Ⅴ. ▨(127)

Ⅰ类乃"耑"字,与郘王耑之 ▨ 同。《三代》20.48.1 下剑铭有韩 ▨。

---

① 唐兰先生批注:既然戟刃与戟束相对,总称为戟,为何又有戈刃。照作者的意见戈刃与戟刃的区别是在内端有刃与无刃,这是不错的。但戈就不应有刺,何以也称刃呢? 作者似没有解释清楚。
② 刊《文物》1972 年第 10 期,第 27 页。

Ⅱ类乃"耑"字,战国古玺亦见此字:

（《征》4.3 凝）

Ⅲ、Ⅳ、Ⅴ类皆其变体。

段玉裁注《说文》七下耑字云:"古发端字作此,今则端行而耑废,乃多用耑为专矣。《周礼》磬氏已下则摩其耑,耑之本义也。"Ⅱ—Ⅴ类均从"土"从"耑",为"端"字,"端"与"耑"同。

153 号有一字,从"隹"从"周",乃"雕"字,文献中"雕"又作"彫",《左传》宣公二年"厚敛以雕墙",监毛本作"雕",《释文》云:"雕本亦作彫。"《韩非子·显学篇》漆雕氏,唐石经《论语·公冶长篇》和《古今人表三》作彫,彫字见《说文》九上彡部,云:"琢文也,从彡周声。"即"彫琢以成文也"(《慧琳一切经音义》24.16 及 32.19 所引《说文》),彫即镂也(见《广雅·释言》)。《说文》训镂为钢铁,谓可以刻镂。《诗·棫朴》传云"金曰彫,彫即镂也",可见雕戟刃即戟上有刻镂或其他装饰者。

雕戟罕见[1],但"雕戈"二字,习见于文献和金文,如《国语·晋语三》云:"秦穆公衡彫戈,出见使者。"(国学基本丛书本 116 页)《汉书·郊祀志》下所载夷臣鼎铭云:"王命夷臣,官此枸邑,赐尔旂鸾黼黻雕戈。"(《双剑誃吉金文选》下1.21)此外彫有时训为"画"(见《左传》宣公二年"彫墙"贾逵和杜预注)。铸戈戟,必于陶范上刻画纹饰,故曰"彫,画也"。

由此"雕戟"二字作"雕（戟）",知寰盘之"珮",休盘之"珮",无叀鼎之"珮",师奎父鼎和龙伯戟""字,前人释读"戟"是对的。珮、彫与雕同,故金文"戈珮",宜为有珮饰之戈。端戟即雕戟,端珮一声之称,至于端戟刃或端戟束,其意可能与雕戟刃相似。

---

[1]　郭沫若同志说:"彝铭中单言'珮戟'者绝无。"见《戈珮戟戗必彤沙说》,《殷周青铜器铭文研究》卷二,第 184 页。

九、兵器铭所见的职官制度

1. 县令、司寇和工师

战国时代,各国多已普遍设县,县为中央集权的封建国家的基层政权组织单位之一。县长官称令,尊称则为大令。

当时大县有万家,《战国策·赵策一》"知过曰:君其与二君约,破赵则封二子者各万家之县一"可证。县令多由贵戚大臣推荐,如赵武推荐中牟县令(见《韩非子·外储说左下》),即其例。春秋以来世官制度,在韩国仍然有很大影响,如《韩非子·五蠹篇》云:"今之县令,一日身死,子孙累世絜驾,故人重之。"此时县令虽由国王直接任免,但韩国仍以韩、赵等贵族出身的本宗人为主,62号的铭不全,但由武库知为郑令系统,"韩"下一字固锈掩,似"安"字,则韩王安未继位前也曾任郑令,至秦始皇时守相令长才以他姓相代,彻底废除了世官制。《赵策一》:"秦攻韩上党,上党郡守冯亭降赵,赵以三万户之都封太守,千户封县令,诸吏皆益爵三级。"(《资治通鉴》周赧王五十三年所载略同)可见在通常情况下,韩国县令的封户也当有数百[1]。

司寇习见于金文与周代文献中,战国时韩、赵、魏均称司寇,齐称士师,楚称廷理,秦称廷尉,传世赵、魏兵器铭中的督造者有邦司寇(见《三代》20.40下和20.41上)。然而县司寇监造则属罕见,而韩国末期各县兵器多由县司寇监造,则韩国的县司寇,为数不少。县司寇职责,主要是镇压人民,同时徒隶等官奴隶也归其管辖。古代兵刑无别,司寇既主管刑罚,又监督兵器的铸造。《周礼》:"司寇属官有职金,掌凡金、玉、锡、石、丹青之戒令。""受其入征者,辨其物之媺恶与其数量,楬而玺之,入其金锡于为兵器之府。"(《周礼正义》第10册第5页)从这条材料来看,司寇曾同时掌管金锡原料的征收与戒令及铸造兵器的仓库的戒令。

各库工师为兵器的司造者,据《荀子·王制篇》,"工师"的职务是"论百工,审时事,辨功苦,尚完利,便备用,使雕琢文采不敢专造于家",有的工师兼管营建(见《孟子·梁惠王下》),

---

① 唐兰先生注:韩由晋分出,其制多溯源于晋,晋都多以家子为守,如晋侯命其太子居曲沃(见《左传》庄公二十八年传),则此韩安未继位前担任韩都郑县县令也是可以除例的。

个别的工师可以为相,如工师藉曾为周文君的相(见《战国策·东周策》)。工师实际上是管理官府手工业百工的官吏,他们监督百工及徒隶劳动,检查产品质量。由兵器铭可见各县所属的库都有工师,通常情况较为固定。各库工师的地位较总工师地位要低,外县的库工师较郑县的库工师地位要更低①。

当时社会上"商工之民,修治苦窳之器,聚弗靡之财,蓄积待时而牟农夫之利"(《韩非子·五蠹》),也就是说在官府之外的私营手工业工人已常常用偷工减料的办法制造产品和农民交换,因而官府手工业中也加强了产品质量的检验。

2. 冶 工 的 身 份

冶是冶铜等金属的"技艺之士"的职务。我们可称之为冶人或冶工(《淮南子·俶真训》"今夫冶工之铸器也"可证),即《考工记》所谓"攻金之士"。

兵器铭上冶工位于工师之下,地位较工师低。冶工和库吏相似,一般不书姓,仅勒名,有时甚至不勒其名,或如 84 号,印制的铸款,未空出冶工刻名的地方,冶工只得刻名于其下方。

尹为楚国官吏职名,工尹在楚国地位高,这批兵器较早者仅称冶,以郑县兵器而言,韩桓惠王三十一年以后,多称冶尹,可能因韩国在亡国前十余年内,战争频繁,武器损耗量大,急需铸造兵器,故冶工的地位较前有所提高。故冶人始称为冶尹②。

春秋和战国时代的官府手工业工人,实质上是供国王或大小官吏驱使的官奴隶,但随着社会性质的变化,官府手工业工人的地位也相应地有所提高。春秋时官府手工业奴隶毫无人身自由,公元前 589 年"楚侵及阳桥(鲁地),孟孙请往赂之以执斫、执针、织纴皆百人"(《左传》成公二年),这表明楚国和鲁国都很重视有特长的手工业工人,而这些单身奴隶则被人任意摆布,毫无自由。手工业奴隶尽管掌握着高超的技艺,却受到非人的待遇,在官府摧残下,他们必然以怠工、偷工减料或逃亡或暴动等方式来进行反抗,奴隶制的生产方式束缚着生产力的发展,随着各国阶级斗争的激化和政治改革的实施,奴隶们在斗争中不断地争得了部分的解放。除了一部分人争取到"百工居肆",利用他们的技艺以糊口的自由民身份外,即使"处工必就官府"的官府手工业工人,身份也相应有所提高。

因为铁器广泛地应用于农业和手工业,从而引起生产力的提高,促使工商业也较前繁荣起来。战国时代,封建割据的各国之间,经常发生战争,各大国为了维护其统治和进行兼并战争,除了竭力奖励"耕战之士"以外,还讲究"兵甲之精"。认识到"凡兵有大论,必先论其器"

---

① 唐兰先生注:工师是总名,主库的工师地位比较低了。
② 唐兰先生注:记名的冶当是官长而非徒隶,即不是真正的劳动者。

《管子·参患》），为此各国就"选天下之豪杰，致天下之精材，来天下之良工，则有战胜之器"，而招徕他国良工的办法是"三倍不远千里"（《管子·小向篇》），这种以高俸禄争取他国能工巧匠的办法，只有在封建社会基本上破坏了工商食官制，而手工业工人逐渐摆脱了奴隶制的束缚时才行得通。

韩国乃四面受敌的国家，国小力弱，却连年用兵，"四战之国贵守战"（《商君书·兵守》），要搞战略防守，除了注重修城以外，对于"铸兵"这种军事工艺，一定较重视，而"右兵（重视兵器的效用），弓矢御，殳矛守，戈戟助"（《司马法·定爵》），所以铸造这些兵器的冶人，操其技术，记名的冶人可能掌其权，政治作用提高，经济待遇也会相应提高。《韩非子·外储说左上》载一寓言，故事虽属虚构，也能多少反映出战国时的情况来。今揭其文如下：

> 一曰，燕王好微巧，卫人曰："能以棘刺之端为母猴。"燕王说（悦）之，养之以五乘之奉。……郑有台下之冶者谓燕王曰："臣为削者也，诸微物必以削削之，而所削必大于削。今棘刺之端不容削锋，难以治棘刺之端。王试观客之削能与不能可知也。"……

韩非所讲的这个故事，反映的是战国时的情况，燕王是重视手工业者的，而技艺之士是容易迁移的，所以韩国和卫国的技艺之士会来到燕国。春秋、战国时，往往建库于台上（说详顾颉刚《史林杂识初编》138页），今郑城的西城内梳妆台上即发现铸铜作坊，可能即为一库冶所在。台下即库下，制削的冶人原居于台下，故称台下之冶者。棘刺似非戟束，当为棘木之刺，故不容削锋。这个来自韩国的招徕冶人，身份非徒隶。

据《司马法》云："成方十里，出革车一乘。"而有特技的卫人竟有五乘（一说三乘）之俸，显然是韩非夸张的笔法，一般的工匠不会有这样高的地位，因魏襄王对西却秦、东止齐的昭卯，不过养之五乘而已（见《韩非子·外储说左下》）。但据"三倍不远千里"和这个寓言，都可以间接透露出韩国的冶人，其地位及待遇，较春秋时代大为提高。如以韩国冶人与秦国工人相比，秦国兵器勒名的冶工可以是刑徒等官奴隶，韩国兵器勒名的冶人则属于官长工头，而非徒隶，冶人下面还有真正的劳动者。

韩国的冶人，守业时间长，如郑县武库冶人狃，从桓惠王九年到二十年，至少十一年未变业，到韩王安七年时他已成为大官下库的冶且可书写其姓名，他姓尹名狃，这时已经至少有二十八年的从事冶铸的历史了。冶尹坡从桓惠王卅二年到韩王安七年或八年，至少九年未变业，冶尹墉从桓惠王卅四年至韩王安八年，至少八年未变业。这就是韩非子所说的"明主使士不兼官，故技长"，因为"工人数变业则失其功"（见《韩非子·用人篇》和《解志篇》）。冶铸技艺是不易掌握的，必须经过刻苦学习，不断积累实践经验，才能"察青黄"、"火剂得"，铸出合格的异常锋利的剑戟，从名闻当世的韩卒之剑戟，也可以反映出冶人特别是那些无名的劳动者的技艺的高超、经验的丰富。

　　如果说春秋时代吴王阖闾铸剑有"童女童男三百人鼓囊装炭"，在战国时代的大型铸铜作坊里，"鼓囊装炭"的劳动者也不会少。

3. 啬 夫 的 职 务

　　12件铭有大官的兵器，均有"啬夫"二字：可以106号戈为代表之例，作啬夫，其余"啬夫"二字竖笔均较短，颇为简化，如118号矛竟作 。

　　战国文字可见此二字，郑韩故城阁老坟遗址出土的战国陶碗，外腹部也刻有"啬夫"二字，写法与此同。战国古印文字也可见，如：

（魏石经室古铢印景，《古玺汇编》0108）

（衡茂斋藏印，伏庐藏印卷1，《古玺汇编》10109）

《三代》3.43（《集成》2608）所载十一年鼎，亦有库啬夫。

　　《说文》五下谓古文"啬"从"田"，作啬，或则许慎所见壁中书有从"田"者，然而我们所见战国古文则从"目"，沈子它簋金文"啬"字作啬，至小篆则变为啬。

　　《管子·君臣上》说："吏啬夫任事，人啬夫任教。"所谓吏啬夫的职责，是"吏啬夫尽有訾程事律，论法辟衡权斗斛，文劾不以私论，而以事为正，如此则吏啬夫之事究矣。"据此库啬夫是专管库内兵器与铸造等照章办事的人员，他帮助大官办些差事，云梦秦简："公曰不久刻者，官啬夫訾一盾。"

　　啬夫可见于战国文献中，《战国策·魏策四》的啬夫为魏国中等官吏，而《韩非子·外储说右下》和《说林下》所载的啬夫当为少吏，啬夫的职务很杂，但其中有一种啬夫与铸造铜器有关，十一年鼎（《三代》3.43）的库啬夫，即说明战国时啬夫已掌管铸造了。《汉金文录》2.1所载雒（洛）阳武库锺铭云：

　　　　元封二年，雒阳武库丞阅，啬夫管□，令史乐时工置，十六斗八升，重六十八斤。

以及《汉金文录》4.9五凤熨斗铭云：

　　　　五凤元年四月，考工贤友，僧作府啬夫赵良，平阳府守长吴安光主，左丞万福并省，

重三斤十二两，第二。

表明汉代武库和考工室僮作府下有啬夫,陈直先生《两汉经济史料论丛》143 页所举的建昭雁足镫、莲西宫铜鸟衮铭文均有啬夫,且主造铜器。

此外,啬夫又与保管贮藏铜器和兵器有关。不仅上述战国时的十一年鼎有库啬夫,而且汉代亦有库啬夫,见《居延汉简甲编》546、560、1015 和 1290,1015 云:

> 校侯三月尽,六月折伤兵簿,出六石弩弓廿四付库,库受啬夫久廿三石,空出一弓,解何?

1290 云:

> □次(护)工卒史禹、库长汤、啬夫□☑。①

由此可见啬夫在库长管辖下,主管兵器保管。

我们认为这些啬夫统归大官所辖,虽曰"邦库啬夫"、"上库啬夫"、"下库啬夫",亦可名曰"大官啬夫"。汉代有"少官啬夫",王隆《汉官》篇云:"少官啬夫各擅其职。"胡广注曰:"谓仓库少内啬夫之属,各自擅其条理所职主。"(按此系孙星衍据《周礼·天官》疏辑出,见《新斠平津馆丛书》十集,《汉官解诂》9 页)至于少内啬夫,据《汉书·丙吉传》颜注云:"少内,掖庭主府藏之官也。"

可见,虽然这是些借证,但汉承秦制或东方六国之制,我们可以从汉代制度中看到一些战国制度的残余。

4. 大 官 之 兵

新郑兵器 106、115 和 116 号三器,内背均铸有"大官"二字。

109—117 号十器刻铭中间均有"大官"二字。

战国时铜器铭文上所见的有"左官""右官""中官""上官""少官""私官",而"大官"较罕见。除"官"外,战国铜器和玺印又可见"寶","寶"张政烺先生释"府"是很正确的。有"大府""中府""少府"。

"官"与"府",古义相通,府是藏物之所(《礼记·曲礼》郑注),府还可住人,后来百官所居止的地方,又称作官府。有时官字又可读作馆,与宫字义近②。

《战国策·韩策一》云:"谿子少府,时力距来。"表明韩国少府制作兵器以弩为主。弩是战国时主要武器之一,且应以青铜铸造为主,然则从新郑兵器铭看,则大官为铸造剑戟的主管机构。这应如何理解?

---

① 参见陈直《居延汉简甲编释文补证》一文,刊《考古》1960 年 4 期 44 页。

② 唐兰先生批注:大官与大府不是一回事,大府是禁制。《国语·晋语》"悼公使张老为卿,辞曰:臣不如魏绛之智能治大官",韩是三晋之一,可存大官。秦以后,存大官,属少府,但已是管饮食了。韩国时恐是管铸造的。

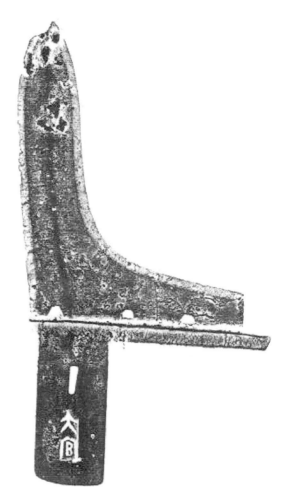

106   115

我们认为《战国策》一书系战国秦汉间成书，是游说之士世代传习、随时增益和编录的总集，其中所说的战国制度自然不如实物史料准确可信。秦国和一些国家确有少府负责铸造兵器，因有故宫博物院收藏的秦国十三年少府矛可证。但在韩国，目前实物中还未见到称少府者。韩国大官之制约与楚国大府之制相近，楚鄂君启节有"大府之征"，其他铜器又多发现大府之货，推知韩国大官也当为铸器和掌管国王财物的机构，相当于秦汉的所谓内朝官，至汉代所见的大官，主要是管理皇帝饮食者，已与武库无关，不铸作器物（汉代大官铭的铜器可见，但非大官本身所作），而汉代少府则是皇帝的财务官，又主管铸作器物，因此说秦汉的少府相当于韩国的大官，汉代的大官，与韩国的大官名称虽同，职司已变。

按照楚国有"大寳之器"（《文物》1959 年第 4 期封面内，收入《集成》10438），可简称这些有大官铭文的兵器为"大官之兵"。

173 号铭有一昌字，虽为锈掩，亦可辨别。《三代》2.53（收入《集成》2102）所著录的鼎铭亦有此字，器盖对铭。

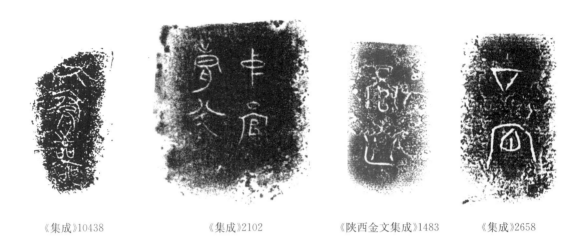

| 《集成》10438 | 《集成》2102 | 《陕西金文集成》1483 | 《集成》2658 |

1956年陕西临潼县斜口地窖村出土一件战国时代的铜鼎,腹和盖均有铭文(参看陕西省博物馆《介绍陕西省博物馆收藏的几件战国时期的秦器》,《文物》1966年1期8页图五。后收入《陕西金文集成》第13册1483号),亦见此字。

陕西咸阳塔尔坡出土私官鼎(见《文物》1975年6期图版伍.4,75页图十三.1,收入《集成》2658,《陕西金文集成》第10册1131号)盖面刻"私官"二字。

"私官"常见于战国和秦汉的器物铭文中,有人认为是皇后的食官(见《战国铜器铭文中的食官》,《文物》1993年12期),此从兵器上见到,则恐非食官。故宫收藏一铜壶,上有"韩氏 ⛉,厶(私)官",可能是韩国之器。古玺文有字作:

《古玺汇编》0907   《古玺汇编》4527   《古玺汇编》4584

"私玺"之"私"往往作:

《古玺汇编》   《港续》185

因此 ⛉ 当为"私官"二字合文。

5. 说 库

新郑兵器铭文除个别外地(如焦、平陶、畣莟、胡)外,均有库字,与此字相连。位于其上的字,有"武""生""左""右""邦""上""下"及某些地名。

此"库"字下均从"车",或简或繁,均为"车"的变体。上从 ⋂ 或 ⌒, ⋂ 写得规整的作 ⌂, ⌒ 写得随便些的作 ⌒, 此字旧或释"军",或释"库",向无定论,我们认为释"库"是对的。从 ⋂ 或 ⌒, 古文字无别,如"寇"字即有如此两种笔势;如果找其规律,大体上郑县兵器多为铸款,绝大部分作 ⛊, 大官兵器均系刻款,作 ⛊, 这是刻镂时取其便当,而造成的差异。外地兵器,二体均用,无规律可循。

"军"字通常作：

中山王鼎(《集成》2840)　　　　郾侯载戈(《集成》11220)

中山侯钺(《集成》11758)

或作：

庚壶摹文(见《大系》录编 250 页《集成》9733)

叔夷镈(《集成》285)

而"库"字则一般不作。库可以铸造兵器，由 179 号戈铭，称左库，賞(造)更可证明。在郑县范围内，依兵器铭，至少有六个库，即上库、下库、左库、右库、武库、生库铸造兵器，而邦库未见铸造的铭文。

武库历代不仅为藏兵器的处所，有时还可以铸造兵器。与此郑武库同铭的，而且可能是同地铸造的兵器，从前曾有发现，如《三代》18.31(《集成》11590)著录的剑铭：

　　奠(郑)武库，(冶)期。

罗振玉误释为"军"。其剑身为平脊，剑柄亦与新郑兵器的剑柄相同[①]。《奇觚》10.14 著录一戈，内部铸铭：

　　奠(郑)武库

刘心源缺释。此戈也见于《三代》9.32 下(此著录号有误)。

《集成》11590　　　　　《奇觚》10.14

① 这个冶人疑即 76 矛铭的冶尹期，因同为郑武库冶，则为桓惠王卅四年前铸。

汉代武库设于长安和洛阳,《汉金文录》卷六有(秦)"上郡武库"戈、"上党武库"戈,知汉时外地也有武库。而韩国外地尚未发现称武库者。韩武库设有工师,据《汉书·食货志》,武帝时击南粤、西羌,边兵不足,"发武库工官兵以赡之",证明武库下也有工官,据杜佑《通典》:"两汉有武库令,属执金吾,后汉有考工令丞,属太仆,主造兵器,成付武库令,晋魏因之。"表明汉武库后来仅收贮兵器,铸造归另外的考工令。

与郑武库同例,则有郑生库、郑左库、郑右库。依长安库、鄐丘库、马雍库文例,此"郑"乃郑城省称。外县一般有右库、左库,而长子有上库(也应有下库),国都有下库。1968年河南省舞阳县吴城公社吴城村发现一"郑上库"戈,胡上铸铭三字,其时代较新郑兵器略早,也是韩国兵器,证明郑县境内,主要是郑城附近,有武、生、左、右四库,加邦库、上库、下库共七库。生库仅见于韩国兵器,所以有时以国名称呼可为郑生库,又可简称为生库,甚至仅刻一生字。兵器铭之库既是藏兵的处所,也是制造兵器的官府,这一批兵器铭文均可说明这一点,特别是这次新郑发现的179号戈,虽然年代与地名已模糊,而残存字迹似郑字,其铭为:

　　　　▨ 年郑(?)左库赍(造)冶 章

可见库也铸造兵器。《周礼·职金》职文云:"掌凡金、玉、锡、石、丹青之戒令,受其入征者,辨其物之媺(美)恶与其数量,楬而玺之,入其金锡于为兵器之府,入其玉石丹青于守藏之府。"

韩国不仅以精兵闻名当时,而且以库大兵器多著称,《赵策二》载"苏子谓秦王曰:'精兵非有富韩劲魏之库也'",韩国在七国中最小,且土地贫瘠,谈不上"富",当时却以兵库富足而著称。当时封建统治者修兵筑库的目的,是"备寇"(《吕氏春秋·本生》),强化国家机器,武器是其维护封建统治、血腥镇压人民的反抗、对外进行兼并战争的重要手段之一,所以武器就被这些封建地主贵族及其政府牢牢地控制在手中。

在此附带提出一个问题,在8号戈正面铸款,释文为"奠(郑)武库"三字,背面胡部刻铭四字:"□□丕闉(門)。"丕者大也,"大门"义与韩郑城之高[①]、宋城之崇门(《韩非子·内储说上》)相近。此刻前二字残泐不识,与此丕门并列,疑此丕门为郑武库所在地,另一可能则为守卫丕门者曾执郑武库兵器,因材料太少,未能判定。

大官与库的关系需加以说明。132号铭释文为:"大官下库。"而"大官之兵",凡下库或上库均列于大官之下,毫无例外,表明上库或下库隶属于大官之下,而邦库均列于大官之上,则未必隶属于大官。邦库即国库,归韩国中央直接掌管。邦库虽不铸造兵器,但由上库和下库所铸兵器交由邦库啬夫监督,则上库与下库的地位低于邦库。然而舞阳县吴桥公社发现的"郑上库"戈,依郑武库、郑生库、郑右库例之,亦应为郑县之上库,而新郑兵器、郑县兵器铭文

---

①　乃是屈宜臼与韩昭侯事,见《韩世家》。

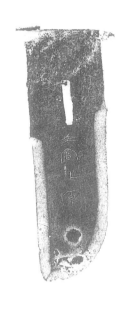

8　　　　　　　　　　　　132

则无一上库(仅大官之兵有之),这作何解释? 我们认为郑上库戈时代为战国初年,当时上库属郑县,至战国后期上库归大官所辖①。

　　兵器有"梁上库",不为大梁上库,(见本文)"甘丹(邯郸)上库"戈(《痴盦藏金》59)为赵都邯郸之上库,"上党武库"戈为赵上党之武库,可见,郑上库应还是郑县之武库。

6. 说春成君与春成相邦

　　120 号矛铸铭:"奠(郑)武库。"另一面刻铭:"春成君。"

121 号戈刻铭:"春成□。"

122 号戈刻铭:

　　　　五年迟成相邦高平伶(令)登(邓)叟左賏(赘)库工师芏同伐(冶)戠(岁)敫(造)端族(载)刃

120   121

123 号戈刻铭：

☐ 成 相邦旆（韩）政（政）偸（令）登（邓）敨（襄，倒刻）叟右库 ☐ 胨伐（冶）贞敱（造）端旗（戟）刃

110 号戈刻铭：

卅二年邤子旆（韩）耆邦库啬夫芊庆大官上库啬夫墨臀库吏睿伐（冶）鼎（？）昌敱（造）

背面：

睿 成左库

上述 睿、睿、睿、睿，从 屯 从日或月，均为"春"字，仅偏旁位置变动。楚帛书、魏石经与《汗简》"春"字均上 屯 下日，日与月义近，古文字中常互相假用，胥即晋，110 号同名春，以此相区别，同时"春"字也有从月者，如栾书缶"春"字作 睿，从月。将 屯 移至日旁，日下加一横画，如同向字下加一横画，乃战国文字惯例。由于 睿、睿 释"春"已定，则 100 号铭所见的 睿（他铭或作 睿），也应释"春"，仅将 屯 省略一笔（故近似又），移于日下，《古玉图录初集》卷四有：

睿 字明显系上日下 睿，古文字偏旁往往变动不居，此"春"字即其明证。春安君如同春成君、春申君。春成君及 124、126 号的 蒦（濩）罩（泽）君均为封君称号。战国时相邦均为封君，如楚相黄歇，号春申君；秦相蔡泽，号刚成君。有时免相，乃就其封地。春成君或濩泽君未必是相邦，至少是韩国高官则无疑。《三代》18.19 有 睿 成侯中赟锺（即春成侯中府锺），此春成侯即与春成君为一人,战国时君、侯可以通称。三晋兵器铭,可见"相邦春平侯"之兵器(如《三代》20.41.2),《小校》10.105有十七年相邦春平侯剑,而《遗文》12.22又有"𠂤(春)平相邦"之剑,性质相同。"春平相邦某"即"春平侯之相邦某",同例,春成相邦即春成君之相邦,因春秋、战国时封君的官制和其宗主国相同①。这种情况一直延至西汉时仍有所保留,汉的诸侯王也有和中央相似的官制,汉初中央置丞相,诸侯王国也称丞相,战国时中央有邦司寇,兵器铭可见,新郑兵器铭表明县也有司寇,故推测此春成相邦,并不是指相邦为春成君,而是指春成君的相邦,春成君的相邦韩郑在韩王安二年至八年又担任𠕋子(由122和123号对照,再参看112—118号)。

韩国的封君,有自己的纪年,如124号的"濩泽君七年",以34号"王二年"、35号"王三年"指韩王纪年来看,当指濩泽君的七年,这如同汉代各王国有自己的纪年一样。濩泽君铜戈虽残,仍重395克,为这次发现的最重的一件,可见其制度自成一系统。

韩国的封君有自己的私库,如110号的春成左库,即春成君之左库,封君的库与县的库制相仿,均有左、右库。库以藏兵甲,证明封君有私人武装。战国时如孟尝君、信陵君、平原君、春申君和吕不韦等私门养士多达千人。韩虽国小,其春成君、濩泽君既有单独纪年和相邦,又有私库,其养士也不会少。故《韩非子·诡使篇》云:"悉租税,专民力,所以备难充仓府也,而士卒之逃事状(或本作伏)匿,附托有威之门以避徭赋,而上不得者以万数。"《史记·樗里子甘茂列传》②:"韩公仲使苏代谓向寿曰:……韩亡,公仲且躬率其私徒,以阏于秦。"正义云:"公仲恐韩亡,欲将私徒往宜阳阏向寿也。"按公仲为韩相,他可以亲率私徒阻击秦军,可见其私门武装为数可观。"封君太重"势必影响韩国中央集权的实行,以至于有韩王安时相邦韩玘的"邪佚之志"(《史记·李斯传》)产生。

《韩非子·孤愤》:"今大臣执柄独断,而上弗知收,是人主不明也。"③《和氏》:当今之世,大臣贪重,细民安乱,甚于秦楚之俗,而人主无悼王、孝公之听,则法术之士安能蒙二子之危也而明己之法术哉!

7. 冢 子 试 解

从106—118号,十二件兵器均有"冢子"二字,𠕋字即"冢"。④ "冢子"二字上有纪年,下有姓名,以文例言,应为官名或爵称。此与长子某地名不同,下不连命(令)字。

---

① 濩泽为地名,见"地名考证"部分。春成,不知是否为地名,《汉书·王子侯表》有春成,《汉书·地理志》无,可能如春平侯或春申君为封君的号而不是确指某封地。

② 中华书局标点本2313页。

③ 旧注不知收取其柄而自执之,令臣于上独断,此主之不明也。今,谓秦也。王先慎曰:此书作于韩,秦王见之始伐韩得非,非在秦时作也。今字泛言当时诸侯,注误。

④ 李家浩:《战国时代的"冢"字》,《著名中年语言学家自选集·李家浩卷》,安徽教育出版社2002年版,第1—14页。

《战国策·韩策二》:"韩公叔与几瑟争国,中庶子强谓太子曰:……。"证明韩国有中庶子,此外楚、赵、魏、秦均有此官职。《三代》1.62 邾公华钟铭云:"以乐大夫,以宴士庶子。"士庶子与大夫对文,显系官名。《礼记·燕义》云:"古者周天子之官,有庶子官,庶子官职诸侯卿大夫士之庶子之卒,掌其戒令,与其教治,别其等,正其位。国有大事,则率国子而致于大子,唯所用之,若有甲兵之事,则授之以车甲,合其卒伍,置其有司,以军法治之,司马弗正(征)。"《周礼·夏官·司马》诸子职文与此同。

我们认为"冢子"即"庶子"一类官职,车甲归其掌管,有军事行动时,由其授甲,故制造、贮藏兵器由其监督。

有"冢子"铭的兵器,戈内背面铭文往往单独铸出"大官"二字,并且韩桓惠王三十二年以后的刻铭中均有"大官",因此"冢子"必与"大官"有关,"冢子"可能是大官之长,至少是大官的属官。

此说尚有二旁证:

1. 十三年鼎铭:十三年,▨(陕)隂(阴)命(令),上官▨①子疾,▨(治)▨(胜)▨("铸"字),膚(容)▨(半)。(《三代》3.40)

2. 平安君鼎铭:卅三年单 父 上官 ▨(冢子)憙厌(侯)▨(受)平安君告(造)也　上官。(《文物》1972 年第 6 期,第 32 页图七)

与上官相连者均为某子,某子即上官的属官,同例冢子即大官的官名之一。

118

---

① 本性按:侯马盟书冢字有作 ▨(六七·五六)▨。

十、兵器铭所见的战国地名考证

1. 长　安

159 号戈内刻铭："安库。"内背刻铭："武库。""敟"即"长"。属羌钟"长城"和长安布币(见《辞典》上编补遗 1210 及《阳高》图三 67)、"敟孙退"古玺(《碧葭精舍古印存》)均从"土"。

《史记·赵世家》云:"赵氏求救于齐,齐曰:必以长安君为质,兵乃出。"(《战国策·赵策》与之略同)索隐引孔衍云:"惠文后之少子也。赵亦有长安,今其地阙。"而正义云:"长安君者,以长安善,故名也。"则以长安仅为封号。"赵悼襄王六年(公元前 239 年),封长安君以饶"(《赵世家》),据正义,饶即饶阳,可见赵的长安君是号。此外还有秦始皇弟长安君成蟜(见《史记·秦始皇本纪》),汉初刘邦封卢绾为长安侯,(见《史记·汉兴以来将相名臣年表》),知以长安为封号者不乏其人。

然此兵器铭长安,应为地名,如长安布币(见《阳高》及《东亚钱志》4.37)的长安即为地名,而新郑兵器如郑×库、梁×库,均为地名,则此亦不例外。

此长安可能为赵地。

2. 高　平

122 号戈刻铭:

五年春成相邦高平令邓叟左库工师芏同冶岁造端戟刃

在相邦左侧刻一"貹"字。

123 号戈刻铭:

☒成相邦韩政令邓叟右库☒豚冶贞造端戟刃

相邦左侧倒刻一"敳(襄)"字。

这二铭里提到的地名有高平、釁和敨(襄)。

高平原名向,《古本竹书纪年》云:"(今王)〔四年〕,郑侯使韩辰归晋阳及向。二月,城阳、向,更名阳为河雝(雍),向为高平。"①今王四年即魏襄王四年(公元前315年),这一年高平由韩归魏,可见兵器铭高平,其上限不能超过公元前315年。

据《战国策·赵策》苏秦上赵王书、《史记·赵世家》苏厉遗赵王书均曾说明高平一度被秦所占,后反高平于魏。

《史记·范雎列传》:"范雎相秦二年,秦昭王之四十二年,东伐韩少曲、高平,拔之。"这表明桓惠王八年(公元前265年),高平时属韩,并于该年归秦所有,则此戈刻铭时代当在公元前265年以前,如秦成君用韩王年号,则此五年可能为桓惠王五年(公元前268年),如秦成君自己另有纪年,则又当别论。

《史记·赵世家》正义引《括地志》云:"高平故城在怀州河阳县西四十里。"按即今河南省济源县境,该地有"韩王故城"之称(见《范雎列传》正义引《括地志》)。

3. 襄

布币(《辞典》335、336、337,有壤陉布、襄垣布)有"敨"字,马昂和刘心源均释作"襄"(见《货布文字考》和《奇觚室吉金文述》8.27),郭沫若先生又加以补证(见《金文丛考》209页《释嬛》),诸家所释是对的,鄂君启节"襄"字,也可为一证。故 敤 与 敨 均为"襄"字。地名襄有三地,二为穰,一为襄:

《史记·韩世家》:"(襄王)十一年(公元前301年),秦伐我,取穰。"正义曰:"邓州县也。郭仲产《南雍州记》云:楚之别邑。秦初侵楚,封公子悝为襄侯。后属韩,秦昭王取之也。"

按此123号戈可能为韩桓惠王五年(公元前301年,秦昭王六年)所造,其地据《史记》,早已入秦,因此戈名襄非南阳一带的穰。同时也非襄城的襄,因为襄城当时属魏,则此襄实非此二地。而《战国策·韩策一》:"苏秦为楚合从说韩王曰:韩……东有宛、穰(应为南有宛、穰)、洧水"②,洧水即今双洎河,流经新郑县,则此"穰",疑亦不甚远,故疑此兵器之襄,当即此地,虽未能确指,今后可作一新线索加以探讨③。

4. 濩　泽

124号戈铭:

蒦(濩)睪(泽)君七年库啬夫乐疟冶寮造。

---

① 范祥雍《辑校订补》本68页。

② 本性按:宛与穰并列,则襄则可能襄城的襄。

③ 唐兰先生注:战国之地经常改属,此年为韩,明年或属别国,不能执着。

内背刻铭：

郑武库

戈铭"蒦睪"二字，"蒦"字作 ，上部为铭所掩，依残迹，应为"蒦"字，与陶文"蒦"字（《香录》1.2）相似，战国文字"隹"多作 𦫳、身、𦊆（《战国文字字形表》第 499—500 页），又加一斜笔，乃当时惯例，140 号的瘦字也如此。"蒦"在此读"濩"。

"睪"作 𡊏，也见于 113 号冶人名所从"睪"旁，金文如攻吴王鉴和曾伯簠"择"字所从，均与此同，在此读"泽"。《穆天子传》云："天子四日休于濩泽。"郭璞注："今平阳濩泽县是也，濩音获。"《水经·沁水注》云："又东经濩泽县故城南。"濩泽今为山西省阳城县地。《古本竹书纪年》云："梁惠成王十九年（公元前 352 年），晋取玄武、濩泽。"张家山汉简《二年律令》第 454 号简有地名"垣、灌泽、襄陵、蒲子、皮氏、北屈、彘、潞、涉、余吾、屯留"，学者们认为"灌泽"即见于《史记·夏本纪》《汉书·地理志上》《后汉书·郡国志一》的"濩泽"①。可信。

按《战国策》等书称晋国乃指魏国，所谓晋取濩泽，表明濩泽曾一度属魏。按《史记·白起列传》云："伐韩之野王，野王降秦，上党道绝。"钟凤年云："濩泽、高都之间必为韩地，始得从端氏以通野王；疑自濩泽以北以东，沿沁水流域俱为韩有。"②按由此兵器表明濩泽确为韩有，战国时其地为韩上党郡之属县，而又以其地封给濩泽君，该封君有自己的纪年，所谓濩泽君七年，乃濩泽君之第七年，汉代王国皆有纪年，乃是这一制度的延续。濩泽君虽仅有一个库，但其所铸兵器在新郑兵器中最厚重、最锐利。后刻"郑武库"三字，乃是这件武器后归郑武库保管时所刻。

濩泽君的年代当在秦白起伐韩野王以前，即公元前 262 年以前，约当韩桓惠王十一年以前。

此戈的冶人与 136 号釐令戈的冶人同名寮，疑为一人，136 号戈我们推定其铸造时代为桓惠王时，而 106 号为桓惠王十八年，107 号为桓惠王廿年，则此濩泽君的时代，也应在桓惠王时。从该戈的形制为乙Ⅱ，也可以证明其时代较晚。

5. 申、郱、审、郱丞

125 号矛上刻铭：

申库

① 李力：《张家山 247 号墓汉简法律文献研究及其述评》，东京外国语大学 2009 年，第 196 页。
② 说详钟凤年：《战国疆域沿革考》，刊于《禹贡》半月刊第三卷第七期 14 页。

128

127

128 号矛上刻铭：

申右库，才（在）

126 号戈上刻铭：

郸库，術

背面：

安

127 号戈上铸铭："审左库。"

以上"申"、"郸"、"审"同为"申"字异体，实为一地。除单名申孝外，地名还常见申承，如：

130 号矛上铸铭：

四年郸承令汪茇司寇弿□左库工师卬（江）□冶□。

131 号戈上刻铭（后又补刻）：

八年郸承令汪茇司寇弿□□右库工师盲闓冶甸造。

129 号矛上刻铭：

□郸承令每山司寇成□工师□□冶□造，才（在）。

132 号戈上书铭：

□郸承令公孙□司寇□向左库工师□□冶文造端戟刃。

上述诸字所从的申，均作 ，但是《捃古录金文》二之二页二一廿四年郸全命□□戈和《匋斋藏印》一集的郸□，均作 ，与甲骨文、金文相同，古玺文则作 、 （《征》14），已近于小篆体。

地名加"邑"旁仍为一字，故"郸"即"申"，古文字中加宀与不加者，有时为一字，如颂簋的"窀"与申鼎的"造"、邾太宰钟的"福"即曾伯陭壶的"福"字。故"审"即"申"字异体。

《诗经》《国语》《左传》等书时见申地，古地名申者多处。周初陕西境内有申，故《晋语》云："申侯召犬戎以伐周。"犬戎在西。据《诗·崧高》，申伯以王舅被周宣王改封于谢，地在今河南省南阳境。据《潜夫论·志氏姓篇》云，申城在南阳宛北序山之下，尽管此申地曾被韩所占有，但为时不久。故兵器铭的申不在此地。

自宋程公说（《春秋分纪疆理书》卷十一），清顾吴武、沈钦韩、顾栋高、江永、梁履绳均曾分别指出另有一申，如梁履绳云："申有二，庄六年楚文王伐申，小国名，文八年自申至于虎牢之境，是郑地。"（见其所著《左通补释》一，《皇清经解续编》卷 270）此申即与虎牢近，当然与南阳之申非一地。《左传》僖公四年有郑申侯,杜注:"申侯,郑大夫。"齐侯赏赐他虎牢,据杜注,是还以郑邑赐之。申侯乃以邑为氏,故知郑必有申邑,申侯即从齐桓公受虎牢之地,说明虎牢与申相距必不远。文公八年《左传》云:"(晋侯)且复致公婿池之封,自申至于虎牢之境。"杜注:"申,郑地。"此申当非南阳之申,应在郑州市荥阳附近。

关于 132、130、131、129 号四器的郫丞,疑与申为一地异称,说详丞地考证。凡申或郫丞诸铭除刻铭外,又有铸铭与书铭,而铸铭乃郑县、丞、阳城、氏弋、雍氏等以郑县为中心的韩国腹地,表明这些地区铸造兵器采用印章铸款的办法,可能这些地区即为韩国的兵器铸造中心。

132 号的左库冶人攴又见于韩王安元年矛 81 号,已为生库冶人称冶尹攴,则此 132 号当早于韩王安元年,时间距离不会很长,129—132 号均有司寇督造,且命加人旁,冶后加造字,有的再加器名,131 号刻铭为四行,均与郑县兵器乙组丙组特点同,其时代当在桓惠王后期或韩王安时期,130、131 号的四年与八年可能为韩王安四年与八年。

6. 丞

135 号戈上铸铭:

十六年丞令韩□雍氏司寇 周(冄)右库工师王 (昂)冶□。

《说文》三上丞字下云:"翊也,从廾从卩从山,山高奉承之义。"丞字下加山,乃秦系文字特点,如石鼓文及小篆如此,而韩国文字至战国后期仍不加山。此丞作 ,与春秋末年的叔夷钟和命(令)瓜(狐)君壶的丞字同。盖"丞""承"为一字。

丞地绝非汉丞县之地,其地在韩国东方,该丞水也与此无关。此丞当在承水附近求之。《水经·渠水注》(4.44):"白沟水……有二源,北水出密之梅山东南……南水出太山,西北流至靖城南,左注北水,即承水也。"据《渠水注》,承水应在今郑州市东南,大致相当今十八里河至七里河,则相当二源会合以后之白沟水。由此知承水在郑州市郊区,则此丞或承,必在郑州市东南。

据 132、130、131、129 号四器地名郫丞,申或作郫,地在今郑州市荥阳附近,而丞也在郑州市附近,故疑申、郫丞与承乃一地数称,战国时地名确有其例。

此戈已加司寇督造,但冶后不加造字,依郑县兵器之例,约当韩桓惠王前期,此十六年或即桓惠王十六年。

7. 衍

126 号戈内上正面刻有"郫库"二字,其下方又横刻一"术"字,"术"即"衍"。"衍"字作"术"与古印文同,《征》10.1 有"司马术"即可证。

《战国策·魏策一》记载："苏子为赵合从,说魏王曰：大王之地,……北有河外、卷、衍、酸枣。"则知衍为魏地,《史记·魏世家》："景湣王五年(公元前 238 年),秦拔我垣、蒲阳、衍。"而《秦始皇本纪》："九年(公元前 238 年),杨端和攻衍氏。"知衍又称衍氏,由魏入秦。此外,《秦策》《史记·苏秦列传》及《曹参世家》都提及衍或衍氏,《史记·高祖功臣侯者年表》也有衍。衍位于韩、魏交界处,魏长城附近,其地与卷近,在郑州北三十里。

此兵器原属韩,后被魏所得,刻一"衍"字。

8. 安

126 号戈除内的正面刻邺库和衍以外,内背面刻一"安"字,字作 ,与 61、33 号的"安"字不同,乃隶书体。汉印安字,女旁常多一竖划,与此"安"字写法同。上所从 冖 也酷似,如"安寿"的"安"字作 。[①]

故宫藏器有卅五年安命(令)鼎,韩王无在位 35 年者,其安为魏。"卅五年安命(令)周□□□□冶期钗,庸(容)半(半)齍,□库"(据摹本)。

魏、齐、韩均有地名安邑者,魏国原都安邑在山西,齐安邑见"陈窖立事岁安邑亳釜鈇"(见陈邦福《古鈇发微》第 8 页),韩安邑见《韩策三》有安令曰云云,省邑字简称安。此外,《史记·白起传》云："白起为左更,攻韩、魏于伊阙,……涉河取韩安邑以东,到乾河。"由于此铜戈安字与邺、衍同见于一器,其地当距今郑州市不甚远。《括地志》："故安城在郑州原武县东南二十里。"由此安字乃隶书,疑此戈曾被秦得后刻一"安"字。由此推测此戈原为韩器,后经魏、秦辗转使用,最后仍归韩所有。

9. 邘［可能是 邻（邻）］

132 号戈内背部刻铭：

大官下库。

旁刻：

邘［邻］库。

邘［邻］作" 邻 ",左乃"予"字,金文中无"予"字,后从 曰 字演化成予,秦石鼓文迁字作 (銮车石),《汗简》所载予字作 ,《说文》及魏三体石经小篆作 ,兵器文予字上一三角形,省略一横笔,且两三角形尖向上,与篆体稍异。"大官下库"四字刻于戈内背部正中,疑

① 赵平安、李婧、石小力编纂：《秦汉印章封泥文字编》,中西书局 2020 年版,第 636 页。

为先刻,"邘库"刻于其旁,疑为后刻,其戈内正面书款,地为郓承。郓承约在郑州市附近,大官下库据大官之兵与郑县兵器成批地同出,知亦距郑县不远,故此邘库距今新郑和郑州市也不会太远,唯其确切地点尚难肯定。

本性按: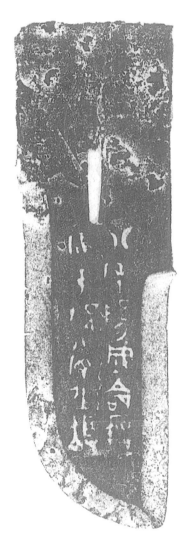,左为"夸",上从"大",下从"丂",疑为"夸"字,《左传》文公七年,(晋)败秦师于令狐,至于邧首。沈钦韩《左传地名补论》之一统志:邧首水在同州郃阳县东南,按剞当作邧,《玉篇》邧□孤切,秦地,古文苑,后汉卫敬侯碑阴文曰,城惟解梁,地即邧首,此邧不知是否为邧首。

张新俊按:左边的"夸"形,陈剑先生释为"亢"[1],可信。

10. 阳　　城

139号戈铸铭:

　　八年阳城令□□工师□□冶壴。

《史记·韩世家》:"文侯二年(公元前385年)伐郑,取阳城。"《郑世家》也载此事,表明春秋时郑地阳城,此时归韩。又据《韩世家》《周本纪》和《秦本纪》,韩桓惠王十七年(公元前256年)时,阳城又由韩入秦。

在秦昭王四十五年(公元前262年)时,秦曾攻韩,取十城(见《秦本纪》及《六国表》),《赵策》秦王谓公子他曰章:"韩恐,使阳城君入谢于秦,请效上党之地以为和。"其后五年,阳城始被秦占,说明韩国阳城曾为阳城君的封地。而此戈铭,却以阳城县县令督造兵器,其时代当早于阳城君受封时。该铭不加司寇督造,也不加库字,文例接近郑县兵器甲组,时代属于战国中期。

《周本纪·正义》引《括地志》:"阳城,洛州县也。"唐洛州治今河南洛阳,阳城故城在今河南省登封县东南二十八里告成镇附近。

又据登封告成东T2H11:1出土陶量器口部铭文"阝昜",阳城二字印文字体相同,此外,登封告成东还出土有陶豆盘,内有"阳城磿器"印记。

① 陈剑:《试说战国文字中写法特殊的"亢"和从"亢"诸字》,《战国竹书论集》,上海古籍出版社2013年版,第318—352页。

《古陶文录》5.42.1

11. 阳　　翟

144 号矛刻铭：

八年阳翟令 ▢ ▢ 司寇重𡰪右库工师乐𣪊冶啟造端戟束。

　　戈铭中"阳翟"二字，"𥅀"作 ▢，又见于 35 号戈铸铭，为工师名。此字有时作姓氏（如《三代》20.23 的三十二年戟），古玺文又加"邑"旁（如《征》6.7）。魏三体石经僖公二十九年（见《石刻篆文编》10.6 及《魏三体石经集录》）"狄侵齐"，"狄"作 ▢，《汗简》引石经也略同。因兵器铭有"狄"字（见 31 号），并且曾伯簠、𤲰狄钟有"狄"字，知此处系借字。郭忠恕读《汗简》"𥅀"字为"翟"，此兵器也当读"翟"。

　　因史喜鼎（《录遗》78）有"翟"字，其次句鑃也从"翟"，知此"𥅀"字与"翟"音同通假，并非一字。此"𥅀"字郑珍释"初"（见其所著《汗简笺正》），非是，此字从手（爪？），并不从刀，象以手持衣，其义不明。

　　阳翟为夏禹之地，后为郑国栎邑。《春秋》桓公十五年："郑伯突入于栎。"杜预曰："栎，郑别都也，今河南省阳翟县。"战国时属韩，韩景侯自平阳（今山西临汾县）徙都此地。景侯继位于周烈王十八年（公元前 408 年），据《资治通鉴》（1.23）云："周安王二年（公元前 400 年），郑围韩阳翟，韩景侯薨，子烈侯取立。"不详韩景侯在公元前 408 年至公元前 400 年中哪年徙都。阳翟今为河南省禹县地。

　　此戈矛骹刻铭中已有司寇督造，铭末已加"造端戟束"，命加人字旁。依郑县兵器文例已属韩桓惠王后期与韩王安时期特点，疑此八年为韩王安八年。

12. 阳　　人

140 号戈刻铭，释文：

　　▢年阳人令肖（赵）瘦工师盲文冶紺。

"阳人"地名又见于布币（《奇觚》12.21，《阳高》167 页图一·15，《原平》52 页图五 1）。

《秦本纪》载秦以阳人地贻周君。《括地志》云:"汝州阳人故城即阳人聚也。"

《韩策二》:"韩公叔与几瑟争国,郑强(《楚策》作郑申)为楚王使于韩,矫以新城、阳人予太子,以与公叔争国,楚怒,将罪之。"按此事发生于韩襄王十二年(公元前 300 年),阳人则从楚归韩。战国后期阳人地在楚、韩、魏、周之间,其归属较错综复杂。此铭不加司寇督造,工师上不刻库名,文例较简单。残戈内也较狭,可归为乙 I 式,其时代属战国中期,与(139)的阳城戈同时。

《周本纪》正义引《括地志》云:"故城在汝州梁县西四十里。"今为河南省临汝县,故城在县西四十里。

《考古》1962 年第 5 期记北京出土货币有阳人,有大小两种阳人尖足布币。"王三年阳人命(令)卒止、右库工币(师)□、冶□",《小校》10.53.1,见黄文 16 页。

13. 野

147 号戈刻铭:

　　二年 令韩 司寇毛丹右库工师 🖾(暴)🖾 羊冶盟弗 🖾(造)。

148 号戈刻铭:

　　七年 🖾 令韩 🖾 司寇毛丹右库工师司工(空)□冶幽 🖾(溹) 🖾(铸)端戟刃(合文)。

"垈"作🖾(147)、🖾(148),古玺文有此字(《征》6.4),作🖾,为姓氏,布币文作🖾(《辞典》上 4.图 39),丁佛言云:

"🖾,古鈢曾六垈,古文从🖾之字,或从🖾,或作🖾,如🖾、🖾,或作土,如🖾、🖾,此从土如🖾、🖾例,或谓土为🖾之省。"(详《说文古籀补补》8.4)

按此字上从爪,从🖾 或🖾,即壬。《说文》壬部有垈字,许慎云:"近求也,从爪壬,壬徼幸也。"🖾是"氏"字,不是"垈"字。马王堆出土《老子》可证。马王堆汉墓帛书《老子》乙本"是胃(谓)根固氏(柢),长生久视之道也"(图版一九五下),氏作🖾。氏地依铭文体例也应属韩。从 147 号和 148 号戈文例看已加司寇督造,冶某后,还加造字或加端戟刃,命加人字偏旁,形制为乙 II,与郑县兵器比较当属桓惠王晚期与韩王安时期,此二年与七年当为韩王安二年与七年。

张新俊按：![野王]当为"野王"二字。清华简中有"野"字，写作如下之形（参看李学勤主编，贾连翔、沈建华编：《清华大学藏战国竹简（七—九）文字编》，中西书局 2020 年版，第 374 页）：

![字形]越公 47　　![字形]邦道 27　　![字形]治政 36

又战国布币、古玺及铜器铭文中亦有写作此形的"野"字（参看徐在国等编著《战国文字字形表》，第 1871 页）：

![字形]《钱典》39　　![字形]《古玺汇编》2528　　![字形]《古玺汇编》3995　　![字形]《集成》11675

根据吴良宝先生的研究，战国时期韩国地名野王，是连接其北部领土上党郡与国都新郑之间的重要通道，公元前 262 年曾被秦攻占，韩国又一度夺回，至迟公元前 246 年又被秦占领[①]。

14. 雍　　氏

134 号矛上刻铭：

　　□九年雟（雍）氏右库漱铸。

《奇觚》10.26 著录一所谓"秦左军戈"，铭云：

　　十八年鄌□左库漱 钗 。

对照二铭，字体及文例雷同，知"鄌"字下残泐一"氏"字。

　　刘心源释"鄌"为"雝"，极确。甲骨文雝字作![字形]（《甲骨文编》4.11 河 4.68），金文毛公鼎、盂鼎"雝"字均从"雟"，在此"雟"即"雝"，俗作"雍"。

　　雍氏，春秋为郑邑，《左传》襄公十八年"楚蒍子冯公子格率锐师侵费、滑，胥靡献于雍梁。"杜注："胥靡，献于雍梁皆郑邑，河南阳翟县东北有雍氏城。"《左传》襄公三十年："伯有奔雍梁。"杜注："雍梁，郑地。"

《史记·韩世家》集解引《纪年》："楚景翠围雍氏。韩宣王卒，秦助韩共败楚屈丐（一作勾）。"此乃公元前 312 年事。

《史记·甘茂传》："楚怀王以兵围韩雍氏，韩使公仲侈告急于秦。秦昭王新立，不肯救。甘茂为韩言之，乃下师于殽以救韩。"知雍氏地属韩。

---

① 吴良宝：《野王方足布币考》，《江苏钱币》2008 年第 1 期。

据《韩世家》正义引《括地志》："故雍氏城在洛州阳翟县二十五里。"地当在今河南禹县境。

《录遗》第 522 铭云："卅年虒端(令)瘅氏史餹冶巡铸,庴(容)四分。"此乃鼎铭,非釜铭,"瘅"即"癕",在此读"雍",此鼎铭文例与 133 号戈内铸铭相近似,此乃省去县令名,雍氏疑也为雍氏司寇的省文①。

由(133)戈铭知雍氏与丞县地近,丞与申、郱丞乃一地,故疑此雍氏或与禹县的雍氏非一地,乃在今郑州市附近。②

按《周礼·秋官》司寇属官有雍氏,"雍氏掌沟渎浍池之禁,凡害于国稼者,春令为阱擭沟渎之利于民者,秋令塞阱杜擭禁山之为苑、泽之沈者。"

15. 氏　弋

135 号戈上铸铭,释文:

　　十九年氏弋(弋)左库胜铸。

"氏"作氏,与陶文同(《睿录》12.2)。弋下一横划,乃于铸款后补刻。

《三代》20.47.3 著录十五年剑,铭云："十五年,守相枼波。"而同页第二剑铭,守相枼波,同页第一剑铭有工师枼生,李学勤同志释十五年剑守相为杜波,若按第一剑释杜还较妥,但作枼者,恐非"杜"字(李说见《战国题铭概述》)。所谓"杜"字,李家浩读作"廉",可信③。

杨宽先生认为弋为地名,即是郑东六里的邲。金文中,弋常假借作"必",例如舀鼎:"弋尚卑处厥旧。""弋尚"当读作"必当",此例甚多。因为"必"即从弋得声,故可通用。如果这个弋字识得不错,他意当即邲城。《通典》与《元和郡县志》都说邲城在管城县东六里,即今郑州东六里,此地在战国时当属韩国都郑所管辖,可能因其地在东,设在那里的库就叫左库。按各地均有左、右二库,左库乃指其本地而言。杨先生之说虽能说明弋,但氏弋二字乃一地,故仍存在疑问。

此戈铭文与 134 雍氏矛体例相同,如雍氏矛属韩,此地当也属韩。

---

① 唐兰先生批注:雍氏非雍氏司寇省文。

② 谭其骧先生也曾说:另有一地雍氏,在北,但我们目前暂未查到有关文献,故此阙疑,暂依禹县之说。

③ 李家浩:《南越王墓车驲虎节铭文考释——战国符节铭文研究之四》,《安徽大学汉语言文字研究丛书·李家浩卷》,安徽大学出版社 2013 年版,第 71—78 页。

16. 介

137 号矛刻铭：

> 十年介令梁跓司寇丏秦左库工师韩□冶均造端载束。

138 号戈内刻铭：

> 十一年介令韩贮司寇丏秦右库工师韩嶜□□造戈刃。

"介"作𠆎（137）、𠆏（138）。

依铭文体例应属韩，其铭文体例与郑县兵器乙组、丙组相同，应属韩桓惠王时期，为桓惠王十年与十一年。

《后汉书·郡国志》东莱郡，黔陬侯国，有介亭。刘昭注："《左传》襄二十四年伐莒，侵介根，杜预曰县东北计基城，号介国。"从地望上看与此介非一地。

新见有"十二年介令戈"，见熊贤品《战国纪年铜戈研究两则》（《考古与文物》2022 年第 1 期），作者认为，十二年介令戈的年代为韩桓惠王十二年（公元前 261 年），十二年介令戈表明战国时期韩国曾设立"介县"（今山西介休附近），可以参看。

17. 安成（城）

154 号矛上刻铭，释文：

> 十七年安成令赵▨司寇▨思工师史▨冶足。

戈铭中有"安成"，战国文献常见"安城"，"成"与"城"通用，关于安城地望颇有异说：

一、《秦本纪》云："昭襄王二十四年（公元前 283 年），秦取魏安城。"集解云："《地理志》汝南有安城县。"正义引《括地志》云："安城在豫州汝阳县东南十七里。"按即今河南商水县。其地属楚，似非兵器铭之安成。

二、上述《秦本纪》《魏表》和《魏世家》都记秦攻魏之安城。《魏世家》："（安釐王）十一年（公元前 266 年），无忌谓魏王曰：……通韩上党与共、甯，使道安成，出入赋之，是魏重质韩以其上党也。"正义引《括地志》云："故安城在郑州原武县东南二十里。时属魏也。"顾观光曰：

"此地在大河南（据战国时言之），北距共、甯不远，盖得其实矣，其时安成已入于秦，所云使道安成，税其商旅之往来者耳，故上文云：'秦固有怀、茅、邢、安城、垝津以临河内。'"（《七国地理考》5.17）按郑州原武县在今郑州市与原阳县之间，而兵器铭之安城，当以此地为近是。据《战国策·韩策三》："或谓韩公仲曰……今公与安成君为秦魏之和。"此安成君似为韩之封君，安成则曾为韩地。该铭有司寇督造，但未注何库，异于他铭。

黄盛璋以安成为魏地，见《试论三晋兵器的国别和年代及其相关问题》（《考古学报》1974年第1期，第35页）。本性按，《韩策三》：或谓韩公仲曰：……今公与安成君为秦魏之和……《史记·建元已来王子侯者年表》有安成，索隐：表在豫章。与此不同。

18. 瞢（沬）

146号戈上刻铭：

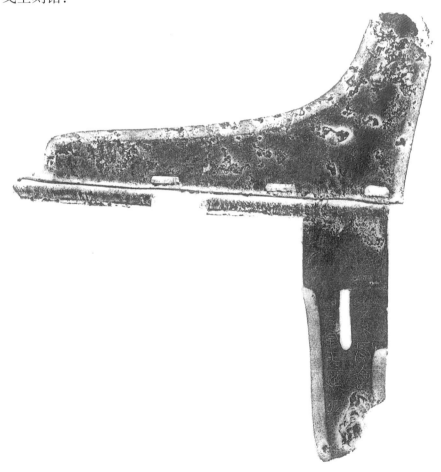

释文：

　　　五年▩▩令□左库工师苏症冶剉敁（造）戟刀。

以上▩字也见于《三代》2.54▩朕鼎，该鼎即与此为一地所铸。

清刘心源云:"朕地名,或释为眉,宋人以古刻寿字为眉寿,此钟其讹耳,说详《古文审》铸公簠,此鼎明明字多一横笔,仍释作眉,何耶?"按此字虽可借为眉字,实非眉字,而为沫字。

郭沫若先生曾云:"此铭首一字乃古文沫字,嚣伯盘、嚣伯塍(媵)嬴尹母沫盘(贞七、廿九)沫字作,象倾盆浴洒之形,下承以皿,字形最为详备。"(详见郭沫若:《金文丛考·释盲》第218页)

按兵器作、,乃省皿、省水,页讹作贝,遂与"贵"字相似。后遂连出后起形声字"礳",如《汉书·礼乐志》注引晋灼说:"沫古礳字。"

一说沫地在朝歌。《水经·淇水注》:"朝歌城,本沫邑也。"《周本纪》正义引《括地志》:"纣都朝歌,本沫邑也,殷王武丁始都之。"陈奂主张沫为卫南郊邑名,去朝歌七十里,在远郊外。(见《诗毛氏传疏》,《鄘风·桑中》"沫之乡矣"疏文)其地约当今河南省淇县南。

丁山认为沫水地望,疑在渠水流域。《水经·渠水注》:"役水又东与沫水合。《山海经》云,沫山,沫水所出,此流注于役。今是水出中牟城西南,疑即沫水也。东北流经中牟县故城西,又东北注于役水。"(详见《甲骨文所见氏族及其制度》135页)我们认为从兵器看,此沫应为韩地,不会在淇县一带,而可能在中牟以西,附近为韩、魏分据,中牟属魏,沫地应属韩。

此戈为乙Ⅱ式,命加人旁,残缺处依空位计算应有司寇督造,铭末有造盾戟刃,时代约当桓惠王晚期或韩王安时期,此五年可能为韩王安五年。

19. 莫

145号戈上刻铭:

释文:

五年莫倫(令)□司寇绡緎左库工师扉谞冶赤造盾戟刃。

《说文》四上丫部云:"莫,火不明也,从茻,从火,茻亦声。《周书》曰布重度织蒻席也,读与蔑同。"不详何地。依铭文体例可能属韩。

此戈为乙Ⅱ式,戈内刻铭三行,命加人旁,加司寇督造,铭末记造盾戟刃,与郑县兵器丙组同,应属桓惠王晚期至韩王安时期,此五年可能为韩王安五年。

20. 狐　臣

149 号矛上刻铭：

> 十八年狐臣令江义司寇周恣库工师肖（赵）訾冶悤造载束。

前一字为狐，后一字为臣，字作丣，见《说文》十二上，金文铸子叔里臣鼎有此字，35 号戈有熙字从此。

狐臣地阙。依铭文体例应属韩，此命后加人字旁，加司寇督造，及记器名，时代较晚，此十八年可能为桓惠王十八年。

21. 格　氏

150 号矛上刻铭：

> 廿一年格氏令□疾司寇宋犀右库工师吴痏冶□。

151 号戈内刻铭：

> 廿一年格氏伶（令）韩韶司寇肖（赵）□左库工师司马疚军冶齚敳（造）。

甲骨文所见骆氏（《后》·下 21.6）为氏族名，金文有格伯簋为国名。《三代》20.14（收入《集成》11499）著录一矛，释文曰"格氏冶□。""格氏"旧释为人名，不确，应为地名。

《集成》11499

《湖南省出土文物图录》著录一戈（收入《集成》11327），铭云："六年格氏命（令）韩臾工币（师）恒公冶□。"与此为同一地名，年代较此矛略早，尚未著司寇名。

河南荥阳出土陶文中有"格氏""格氏左司工""格氏右司工"印：

格氏地阙。依 150、151 号铭文格式，可能属韩，151 号形制为乙型Ⅱ式，命加人旁，又有司寇督造，推断 151 号戈时代为桓惠王二十一年。

《集成》11327

22. 长　　子

153 号戈上刻铭：

六年长子令型（邢）丘█ █司寇█ █朱上库工师肖（赵）█冶█ █造雕戟刃。

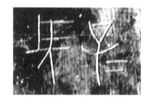

"长子"在戈铭中为合文。方肩方足的布币常见"长子"二字,此布币在山西省出土较多。新郑县也偶有发现。

　　长子,春秋时为晋地。《左传》襄公十八年云:"晋人执卫行人石买于长子。"后为赵地,智伯攻赵,襄子将出,从者曰:长子近,且城厚完。后属韩,故《赵世家》云:"成侯五年（公元前 370 年）,韩与我长子。"归赵后,不久又归韩。《水经·浊漳水注》引《竹书纪年》:"梁惠成王十二年（公元前 359 年）,郑（即韩）取屯留、尚（《太平寰宇记》引作"长"）子、湟。"此后,直至周赧王二十九年（公元前 286 年）,长子仍为韩有,所以《东周策》或为周最谓金投曰:"公不如救齐,因佐秦而伐韩、魏,上党长子,赵之有已。"（四部备要本《战国策》东周策一、54 页）原注:长子属上党,盖韩地。

　　据《史记·秦本纪》:"昭襄王四十七年（公元前 260 年）,秦攻韩上党,上党降赵,赵发兵击秦,相距。"四十八年（公元前 259 年）,"司马梗北定太原,尽有韩上党",长子在上党郡之内,入秦在韩桓惠王十四年（公元前 259 年）。

　　长子故城在今山西省长子县西。

　　据此戈形制为乙型Ⅱ式,铭刻情况与郑县兵器乙组同,结合长子入秦在韩桓惠王十四年,则此戈的六年,应为桓惠王六年（公元前 268 年）。

23. 郜（畴）

152 号矛上刻铭：

□年郜令█亡（无）忌司寇成□右库工师王□鞼造 束。

"郜"作 █。

战国文字中的"寿"字,有繁、简不同的书写形式。繁者如:

 上郡守寿戈《集成》11404　　 珍秦 139　　 里耶 8 - 1580

 清华简《耆夜》9　　 清华简《系年》11　　 秦清华简《三寿》4

简写的"寿"字,如:

 包山楚简 194　　 包山楚简 26　　 上博简《吴命》4

《古玺汇编》3517　　　　《古玺汇编》4688　　　　《古玺汇编》2518

　　新郑兵器铭文中"鄮"字左边所从,与上揭"寿"字的简化形式完全相同。所以可以隶定作"鄮"。

　　《说文》口部咢字下云:"咢,古文畴。"田部畴金文咢,注"畴或省"。孙诒让云:"酬醻字同,并与畴通,……诗笺释文又云咢,此古畴字,本或作寿字,亦通。"(《籀庼述林》3.15《释畴》)按昌州同部,昌可读州,而州地有三:一为山东安丘县东北之淳于城,即铸国(详王国维《铸公簠跋》);一为湖北监利县之州陵城,见桓公十一年《左传》;一为《左传》隐公十一年之州,又见于昭公三年和七年《左传》,即今河南沁阳县东南四十里处。《水经·沁水注》云:"又东过州县北(原作周,依全、戴改),县故州也。"关于州县,钟凤年谓:"昔则属魏、韩经过其间,盖系假道,于魏遵沁水而往来。"河南沁阳东南的州,战国时既然属魏,则此鄮虽可读州,但读州可能性不很大。

　　杨宽先生同意读鄮为"畴",曾来函指出鄮为商周古国之"畴",春秋时地入于郑,亦作"睬",又作犨,在今河南省鲁山县东南五十里,战国时正属韩。《国语·周语》中记富辰曰:"昔挚畴之国也由大任。"韦注:"挚、畴二国。""畴"亦作"睬",《国语·郑语》记:"史伯曰:若克二邑,邬、弊、补、舟、依、𬶠、历、华,君之土也。"(按此乃明道本《国语》)𬶠,郑玄《诗谱》作"畴",《史记·郑世家》的索隐、集解作"睬"[参考丁山《殷周氏族方国志》157 页,祝(铸、畴)]。入春秋后,地为郑有,所以《说文》说:"睬,郑有睬,地名也。"(按此据小徐本)朱右曾《诗地理征》对此有考证,谓即《左传》之犨,曾迭为郑、楚所有,其说甚是。《说文》云:"雠,读若醻。"可证从雠与从寿之字,古音相同。(上说蒙函示)

　　按杨先生此说较读鄮为州更为有力,今从之。盖在今河南省鲁山县东南,地属于韩。

　　此矛已加司寇督造,命加人旁,铭末加造束,依郑县兵器文例,应在桓惠王晚年与韩王安时期。

24. 焦

141 号戈上刻铭:

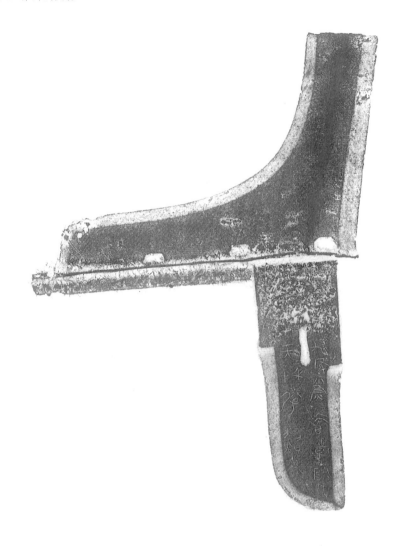

释文：

九年焦令韩陕工师阼  冶臬。

焦作 ，从火雀声，为焦字的异体。《说文》四上："雀，依人小鸟也，从小隹，读与爵同。"战国文字中有"焦"字。写作如下之形：

　　　　珍秦68　　　　　　　云梦《日甲》65　　　　　　关沮317

　　　　里耶5-19　　　　　　新郑图403　　　　　　　新郑图403

"隹"或者写作"雠"、"雥"。如下面的例子：

　　　　《古玺汇编》3153　　　　　　　　上博简《鲁邦大旱》4

古文字偏旁单复往往不别，"鵻"即"焦"的异体。战国文字中，用作姓氏的"焦"，多加上"邑"旁，如：

二年邦司寇肖□铍(《集成》) 《古玺汇编》2075 《古玺汇编》2074

《中国玺印集萃》122

按战国时焦有二地,一属魏,一属韩。魏之焦在河南陕县南(《左传》昭公二十二年晋国的焦,一说在河南陕县西郊)。《史记·秦本纪》:“惠文君九年(公元前 329 年)围焦,降之。十一年(公元前 327 年)归魏焦、曲沃。”《魏世家》:“魏襄王五年(公元前 314 年),秦……围我焦、曲沃。六年,秦取我汾阴、皮氏、焦。八年,秦归我焦、曲沃。”韩之焦城在河南中牟县西南五十里,今有焦城寺。《水经·渠水注》:“渠水……东北流迳苑陵县故城北,东北流迳焦城东、阳丘亭西,世谓之焦沟水。《竹书纪年》梁惠成王十六年,秦公子壮率师伐郑,围焦城不克,即此城也。”(见杨守敬《水经注疏》22.68)按此为公元前 325 年事,说明焦城当时为韩有。

顾观光对焦城为韩邑志疑是不必要的(见顾观光《七国地理考》5.12,武陵山人遗书本)。

《赵策》:“赵请纳焦、黎、牛、狐以易蔺、离石、祁于秦。”姚注:“焦一作应。”与此焦非一地,故此不论。

25. 平　　陶

156 号戈上刻铭,释文:

十一年平匋缪足工师宋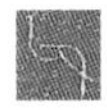冶。

戈铭中有“平匋”。金文匋作、(《西周金文字形表》219 页),陶文作、、(《战国文字字形表》第 701—702 页),《善斋玺印录》卷二载有“平匋宗正”,平匋布币为方肩方足式(《辞典》图 373—375 和《原平》54 页图七·1),旧释作平周,非是。此种平匋布币也见于《阳高》167 页图一·11、《原平》50 页图三·5,均作方肩尖足式。

三晋货币文字中,“平匋”二字多见,且以合文形式出现。如下面的例子:

《先秦货币文字编》243 《先秦货币文字编》243

《货系》1148 《货系》1146

《古玺汇编》0092 著录如下一方三晋官印:

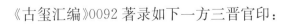

罗福颐释作"平匋宗正",正确可信。《季木藏陶》《古陶文香录》均未收平陶宗正,当是误记。

《珍秦斋藏印·战国篇》8收录如下一方官印:

据《元和郡县志》,平陶故城在文水县西南二十五里,战国时应属赵地。

26. 咎　茖

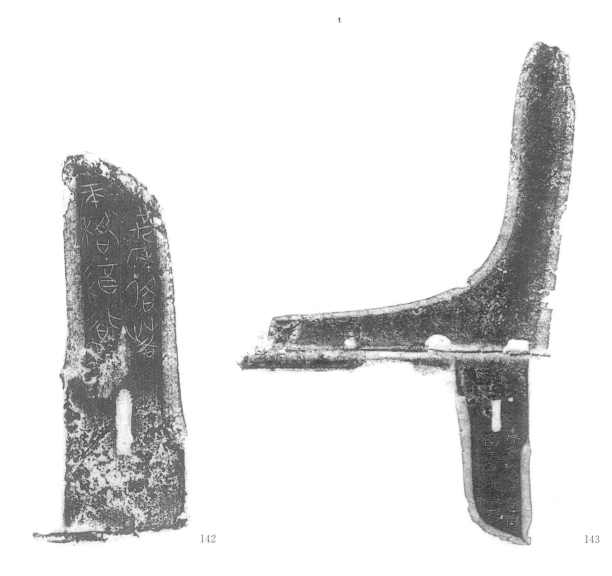

释文：

142 号戈上刻铭：

二十九年佫（咎）茖工师格缙冶⬚□。

143 号戈上刻铭：

十年咎茖大令邯郸舊工师宜吴冶□。

此二铭为一地，但地名前一字，或作■，或作■，古文字中有些字偏旁位置可变动，如这批兵器文的冶字、距字、春字，则此字二体应为一字。据《三代》20.25 有四年咎奴戈，作：

三晋玺印文字中有地名"咎郎"，"咎"字写作：

𠣤《古玺汇编》0049　　　𠣤珍秦展 3　　　　𠣤《古玺汇考》96 页

三晋货币文字中，方肩方足小布有"咎奴"，"咎"作：

𠦝《先秦货币文字编》256　　　𠦝《先秦货币文字编》256　　　𠦝《货系》1720

"𠦝"字，倪模于《古今钱略》云："右布面文作𠦝，左作𠦝，翁宜泉训为咎奴，咎即皋字，与高通，《汉志》有高奴，属上党郡。"罗泌《路史·国名记·乙》："皋，当与咎同。"茖即落。故杨宽先生认为佫落即是"落氏"或"皋落氏"旧地。《通志·氏族略二》引《风俗通》说："落氏本皋落氏，翟国也，此赤翟别种。"（今本《风俗通》不载，按又见《姓纂》十九铎）（上说蒙函示）按杨先生此说甚是，《左传》闵二年："晋侯使太子申生伐东山皋落氏。"其后则不见经传。《左传》《国语》因其在晋之东山，故称东山皋落氏，旧说皋落氏有三地，一为今昔阳县东南七十里之皋落（见《太平寰宇记》）；一为刘照引《上党记》谓东山在壶关东南，晋申生所伐，今名平皋；一为今山西垣曲县西北五十里之皋落镇，当为皋落氏移居而得名，此地战国时属于韩。

按此皋落又称洛，《郑语》："史伯云：当成周者，北有卫、燕、狄、鲜虞、潞、洛、泉、徐、蒲。"可证。

吴荣曾先生据古玺有佫𤫩左司马（《玺印集林》），谓𤫩当系《左传》中之琐，在今河南新

郑之北,佫当在此附近。吴说今天看来,已经不可信。吴先生所说玺印,已经收入《古玺汇编》0049号:

所谓的"琐"字,李家浩先生释为"郎","佫郎"就"睪狼"。李说正确可从。

1986年8月在河南省伊川县城关乡南府砖瓦厂出土一件十一年咎落戈[1],"咎落"二字写作:

蔡运章、杨海钦读作"皋落",是正确的。

2005年刘钊在《考古》第6期上公布了一件私人收藏的上咎落戈,"咎落"二字作:

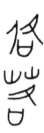

"咎落"诸家读作"皋落",正确可信。均可以与新郑出土的皋落戈相参照[2]。

关于大令,曾见于新城大令戈(见《严窟吉金录》《录遗》581),铭云:"八年亲(新)城大命(令)韩定工帀(师)宋费冶褚。"系1942年安徽寿县出土。柯昌泗考释此戈大令为楚之郡守(见《严窟吉金图录》所附),杨宽先生撰《新城大令戈铭考辩》云:"这戈的所谓'大令',该是县令的尊称,正如战国的郡守,也或尊称为'大令'一样。《赵策一》中五见太守之称,都在说辞之中,'大令'本是'守'的尊称,在战国已通行,不得因汉景帝更名'守'为'大令',便说前此无'大令'之称。"

按韩有上党郡、南阳郡,未见有咎荟郡,虽战国文献逸失很多,但郡名当较县名重要,当不致缺载,故此大令宜从杨说,应为咎荟县县令尊称,也即皋落县县令。

---

① 蔡运章、杨海钦:《十一年皋落戈及其相关问题》,《考古》1991年第5期。
② 刘钊:《上皋落戈考释》,《考古》2005年第6期。

　　新城大令戈文例与此 143 号戈相合,形制和 35 号戈相似,35 号戈铭云"王三年",其上限为公元前 309 年(详国别与年代部分),则此戈时代也大约与其相近。至于新城,据《竹书纪年》《左传》《史记》所载,至少有七八处。地属于韩国的新城如《左传》僖公六年,郑之新城,在今河南密县境;《史记•白起传》:"昭王十三年(公元前 294 年)白起为左庶长,将而攻韩之新城。"则此新城大令戈虽出土于楚都寿春,也系韩国兵器流散者,如同长沙楚墓曾出土郑左库戈一样。

　　135 号戈铭乃是 137 号戈铭的省称,即省略大令某某,因为两戈均为乙Ⅰ的形制,铭文均未加司寇督造,工师上不注明属于何库,其时代接近战国中期。

27. 少　　　曲

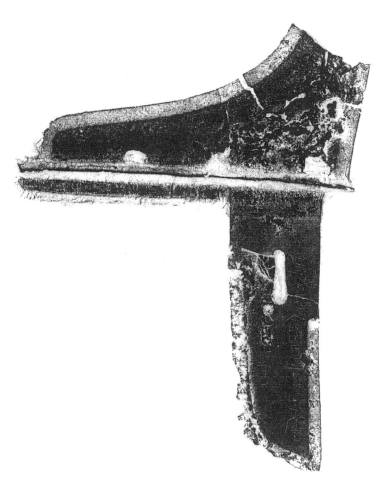

157 号戈上刻铭:

　　　　四年少曲令韩章右库☐冶造。

"少曲"二字写作:

"少曲"二字,在三晋兵器铭文中不只一见,写作如下之形:

此外,"少曲"在三晋玺印文字和货币文字中也很常见。如《三晋文字编》第 2089—2090
页收录有如下例子:

此戈在"少曲"字以上部分系拼合焊接而成,依戈内上下衔接痕迹及铭文字体较相合,但"少
曲"上为"四年一",即多出一笔,与肖字不合,故存疑。今不论其年代,仅就字形而言,作
" ",此字又见于《严窟吉金图录》下 56 所载戟铭,该铭云:

十二年少命(令)邯郸(系合文)□右库工币(师)□绍偃(冶)者敫(造)。

该书以 为少,非是。李学勤同志释"肖",读为"赵"(见《战国题铭概述》),恐非是,黄盛璋
谓此乃赵国都所造,以赵令为督造,亦非是,此戈文例铭末不加执剂,而加敫(造),明显为韩器
而非赵器。因为战国文字肖字虽然往往有省简,如 138 号戈铭阳人令肖瘦,肖作 ,同 或
不同。吴振武认为是"少曲"二字,正确可信。《史记·范雎列传》:"秦昭王之四十二年,
东伐韩少曲、高平,拔之。"睡虎地秦简《编年记》:(秦昭王)"四十二年,攻少曲。"整理者认为
"少曲,韩地,今河南济源东北少水弯曲处。"[1]

此戈从文例与县令为韩姓及"冶"等加"敫"字,应属韩器,时代约为战国中期。

28. 綜　丘

164 号戈上刻铭:

綜兴库

前一字见于古印文,《古玺汇编》3286 著录有如下一方私印:

① 吴振武:《谈战国货币铭文中的"曲"字》,《中国钱币》1993 年第 2 期。

知此为姓氏。刘心源云："从即敏，叔向父敦繁釐作，繁畤布泉作，其所从之每，并可互证。《说文》作緐，此作繁也。"（《奇觚》11.1）按释为繁极确，鄂君启节（车节）、繁易之繁作，古从系之字可省作么，如金文孙皆如此。而战国文字，系旁喜加点饰，如緐字即于系旁加四点。如：

荥阳上官皿　　　　　　《古玺汇编》0926　　　　　　《古玺汇编》2338

《古玺汇编》4046

则此字乃繁字毫无可疑。

后一字为丘字，丘本作（如商丘叔簋），战国文字中的"丘"字，往往在下边增加"亓"形，如下面的字形：

三十四年顿丘令戈（《集成》11321）　　　　九年弋丘令戈（《集成》11313）

《古玺汇编》3229　　　　《陶文图录》3.113.1　　　　《陶文图录》3.112.6

或者增加"土"形。如下面的例子：

《古玺汇编》1476　　　　《古陶文录》3.649.6　　　　上博《季桓子》9

包山楚简237　　　　清华简《汤丘》1

或者在"丘"下增加"亓"形和"土"形。如下面的字：

鄂君启节（《集成》12112）　　　　清华简《良臣》8　　　　守丘刻石

《古玺汇编》0324　　　　《古玺汇编》3307　　　　《古玺汇编》5365

《古陶文录》3.37.1

古代"繁"可读为"蒲""薄""亳"。古地名称"繁""蒲""薄""亳"者甚多（因汤始居亳，商人立王社称亳社，后来商人所迁之地遂有亳称）。然则此繁丘的地望不易确指。唯我们在郑州紫荆山发现的陶文却提供了一个线索。在那里曾发现一些东周时代的陶豆和陶缸，其上发现有五六个陶文,作 、 形,乃亳字(今或释作"京",或释作"亭")。

另在一豆柄上有二字陶文,作"〼 〼","〼"即亳字简体,此二字为亳丘,因此可能郑州附近一带有一地名亳丘,繁丘、亳丘乃一地,繁丘库当在郑州附近。

29. 梁

161 号矛刻铭:

　　梁右库

160 号矛一面刻铭如图,另一面刻铭:

　　郑右库

梁作 ,与布币文梁字同,布币文、玺文有从邑者。先秦时地名梁者有少梁、大梁与南梁。少梁原为周一小国,鲁僖公十九年,秦灭梁,鲁文公十年晋人伐秦,取少梁,战国时属魏,地在今陕西省韩城县境;一为战国时魏都大梁,春秋时为阳武高阳乡,梁(魏)惠王九年自安邑徙都大梁,其地在今河南开封;南梁又名上梁,《国语·楚语》:"惠王以梁与鲁文子,文子辞曰:梁险而不在北境。"《左传》哀公二年:"楚为一昔之期,袭梁及霍。"这里所指的梁即南梁。《战国策·齐策》云:"南梁之难,韩氏求救于齐。"表明战国时梁属韩,故兵器铭的梁应即南梁,南梁又称单狐聚(见《史记·周本纪》正义引《括地志》文)。单狐聚与阳人聚近,兵器铭既有阳人地名,又有梁地名,梁即南梁,4 号矛可能原刻"梁右库",后刻"郑右库",暗示此梁与韩国的郑县有关系,总之兵器的梁为韩国南梁[①]。

张琦《战国策·释地》云:故城在今汝州西南四十五里。谓汝州今为河南省临汝县。

因此兵器的库字作 ,跟大多数的郑兵器库字作軍是不同的。此为魏兵器而为韩所缴获,如同东周兵器也出土于郑地一样。

30. 东　　周

162 号矛铸铭,163 号矛铸铭,如图。

---

① 唐兰先生批注:此似魏兵器而为韩俘获后的,不能因出郑地即为郑兵,下面东周可证。

162   163

《三代》20、35 和《梦郼草堂吉金图续录》33 页著录的东周左库矛,其性质与此酷似,铭文均为阳文。

东周二字曾见于货币文字,有东周空首布(《辞典》图 689—691)、东周方足小布(《阳高》169 页图三 66)、东周圜钱(王毓铨:《我国古代货币的起源和发展》图版肆壹 11)等。

还见于铜器铭文,如洛阳金村古墓出土的东周左自壶(《三代》12.12)。

此"东周"即指东周君封地,但关于东周,旧有二说:一曰洛阳的成周为东周,《春秋》宣十六年云:"成周宣榭火。"《公羊传》云:"成周者何? 东周也。"《世本》(秦嘉谟辑补本)云:"西周桓公名揭,居河南,东周惠公名班,居洛阳。"(《史记·周本纪》索隐引)关于此说,童书业曾撰《春秋王都辨疑》一文(见其所著《中国古代地理考证论文集》53 页),谓此非春秋时事实,乃战国之局面;一曰巩为东周,《周本纪》索隐云:"西周,河南也;东周,巩也。"《太平御览》卷八五引皇甫谧《帝王世纪》云:"(显王)二年(公元前 367 年),西周威公之嗣曰惠公,王始封惠公少子班于巩以奉王,号东周惠公。"《史记·赵世家》云:"成侯八年(公元前 367 年),与韩国分周以为两。"则巩地属东周无疑。此戈的东周应在今河南巩县地,但韩也有巩地,如《韩策一》:"韩北有巩、洛、成皋之固。"《秦本纪》:"庄襄王元年(公元前 249 年),使蒙骜伐韩,献

左自壶

成皋、巩。"并且据六国表,此年秦"取东周",则此兵器的东周,铸造年限最早不及早于周显王二年(公元前 367 年),最晚不能晚于秦庄襄王元年(公元前 249 年)。

31. 马　雍

166 号戈上刻铭:

背铭:

　　库

此马"雟"作 、 ,常见于战国布币如:《奇觚》12.15 载有六品;《辞典》图 232—237,载有六品;《东亚钱志》4.31,载有三品;《祁县》59 页,图 21,刊有一品;《阳高》168 页,图 37,刊有一品。

前一字为"马",古印文"马"字同此(《征》10.1),后一字为"雟",俗作"雍"。

马雍二字,经蔡云《癖谈》误释作"马服吕"后,至今有人仍沿其误释,惟刘心源释作马雟,极是(《奇觚》12.15)。但刘氏未能肯定马雟或雟马。《陶斋吉金录》5·38 著录一戈,释文为:

　　王三年,马雟(雍)命(令)史吴武库工帀(师)爽□冶祁敚(造)。

该书称"秦武库戈"是错误的,前人早已称为马雍,不始于李氏。根据王三年戈铭,冶祁后加数字,乃韩器特点之一,王三年与 35 号王三年郑令韩国戈相似,故此马雍疑为韩地,但为何县内有武库?

32. 胡

169 号戈上刻铭,170 号戈上刻铭,似"胡"字,但因缺笔,未能遽定。此"胡"作:

战国印文中"胡"字写作:

 七年相邦铍(《集成》11712)　　 十七年盉令戈(《集成》11382)

《古玺汇编》1301　　　　　　　　　　　《古玺汇编》1302

《古玺汇编》2464　　　　　　　　　　　《古玺汇编》3282

或者从"邑"写作：

　　　　　　　《古玺汇编》2214

《韩非子·说难篇》："昔者郑武公欲伐胡，故先以其女妻胡君以娱其
弋。……郑人袭胡，取之。"(《韩非子集释》223 页)此胡邻近郑，王先慎
曰："《正义》引《世本》曰：'胡，归姓。《括地志》：胡城在豫州偃城县界。'"
胡城，在战国时应属魏。

169

　　《水经注》谓浊泽即皇陂水，出胡城(颍阴之狐人亭)西北，按此据《战国策地名考》浊泽条
目所引，浊泽在长葛西南，此韩地，疑胡城亦韩地。

33. 朱

　　21 号戈内的刻铭，一面为：

　　　圭库

　　另一面为：

　　　朱

　　字虽然笔画很细，仍能认出。

　　《史记·韩世家》："(韩昭侯)二年，宋取我黄池。魏取朱。"按昭侯二年，杨宽《战国史》订
为公元前 361 年，陈梦家《六国纪年》订在公元前 360 年。

十一、试述韩国文字的特点

　　这次发现的兵器,其中带有铭文者数量较多,至少达179件,而且大部分是战国晚期的韩国文字,就这个意义来说,这次发现是非常重要的,是空前的。这些铭文无论是铸款或先铸后刻,其最初制作时必须是书写或锲刻而成,这些书写或锲刻者,据铭文本身的勒名,显然为一百多位冶工,他们在当时"物勒工名,以考其诚"的制度下,勒名是受司寇、工师监督、检验质量而被动进行的,正如《墨子·辞过篇》所说:"女工作文彩,男工作刻镂,以为身服。"他们是为韩国官府服役的,在今天,这些武器已失去其原有的作用,不仅可成为揭露封建统治者镇压与屠杀人民的物证,而且我们可用以考查当时的青铜冶铸水平,可看到二千二百多年前,我国中原地区冶铸工人们的手迹。正因为战国的文献与铭文资料均不多,这些铭文对于研究韩国封建割据国家的官僚机构、军事和冶铸制度、韩国等三晋国家的疆域地理都提供了极其宝贵的资料。关于其学术价值,前文已分别阐述,这里仅就从文字角度,加以补充。

　　韩国文字有些特点是可以指出的,当然这也是相对而言,因为目前战国文字的对比资料还不丰富。首先带有六国古文共性的地方,如某些复姓、职官及数字等常用合文,下面有时加合文符。文字简化已有一定的体例,一种为变形代替,如乐、瞥等,"幺"可写作两点,"口"可写作一竖笔;一种为部分省略,如赵省为肖,张可省作长;一种为减少笔画,如司可写作可,但可写作㔬。有的喜在下面加一二横笔,如春字、阪字。有的旁加点饰,如絲字旁加四点,铸字下加一斜笔,又加一点。偏旁位置可任意变动,如冶、春等字,有时变动后还加一"〻"号,以示区别,如距字。

　　韩国文字保存古老写法处较多,如四字,在秦国的石鼓文和小篆、魏国的梁鼎均已变作四字时,处于其间的韩国仍写作"三",因此提醒我们依文字断代时必须注意国别与文字地方特点。韩国文字若与秦系文字比较差异更大,如永字(133)和(130)与石鼓文及小篆不同,并不从山,寇、宋、安等字并不从宀,而从冂,六字作介(50),与石鼓文(銮车石)的介、小篆的仌不同,阳、阪等从阜,写作𠂤,而不作𨸏。至于像前文所述的冶字和造字,变体甚多,难于辨认,使文字失去其作为交流思想的辅助工具的作用,从而表明文字的统一是十分必要的,秦始皇统一文字,是符合历史要求的进步措施。

　　当时文字的统一,不仅是必要的,而且是可能的,韩国文字中也有许多与秦系文字结构相同,不备举。若就书势而言,工整的一类如剑铭(72),刻划纤细遒劲,曲直相间,如生字,上部系曲笔,下部作直笔,这种字匀称而不板滞,我们认为,这同后来的秦小篆之间可找到某些相似之处。草率急就的一类,或因刻技不高,如 4 号矛上的梁右库三字,每笔均刻两三划,似初学者所刻,或因追求实用便捷,特别是镂刻的便利,往往将曲笔刻成直笔,如生字刻作 ㄓ(22)、㞢(23),已近于古隶。至于不知属于哪国的都字(167)和归字(172),竟可以说是标准的古隶了。至于 126 的衍和安字已非韩国,衍属魏,安由韩入秦,安字这种写法已同汉代的安字接近。因为古隶书体春秋末年既已出现,如陈尚陶盆已有隶书的风格,陈尚即《论语》的陈恒,详见唐兰先生《陈常匋釜考》(北大《国学季刊》五卷一号,79 页),到战国晚期出现有古隶书体并不足怪,但由此可以证明隶书系人民群众在书写或镂刻时,为了简易急就而逐渐创造的一种新字体,绝非秦始皇的衙狱吏程邈个人所首创,可能程邈长于隶书,对于推广隶书有些影响,然而隶书即徒隶的书体,它的出现和后代的广泛推广是由人民群众创造并促成的。

郝本性　执笔

附录一 书稿原件节录

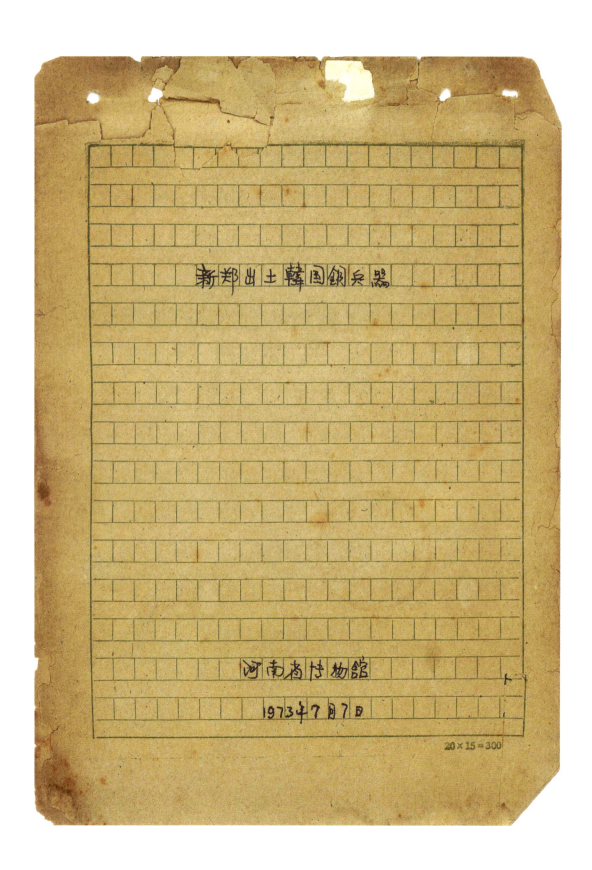

新郑出土韩国铜兵器

河南省博物馆

1973年7月7日

20×15=300

新郑出土韩国铜兵器

河南省博物馆

20×15＝300

20×15＝300

20×15=300

20×15＝300

附录二　唐兰先生批注手迹

刻铭在全部大宫兵器上和绝大部分外县兵器上都有。刻镂字迹较铸款细，最细者如超7矛几难辨认。刻款工整者，可能刻镂前先书写后刻，如72剑镂，刻工很注意字的美化。而刻款草率者，如151矛铭，显然看出刻工有工拙之分。刻款后，一般无法锉去，如需锉改，则只有再錾刻，如16号矛上刻镂有二字，其上錾刻二十多笔，故已无法辨认出来。这表明刻镂时一般均较认真从了。刻法，一种为连续的细痕，实即以硬物刻划而成，另一种乃以锤击刻刀 削，故錾痕呈断续的三角形，我馆老技工王发青同志称这种方法为勾刻法。

书款仅见于戈一例，内部正面书款三行，从遗痕看；反以毛笔书写无疑。发现时上面并无墨、漆寺任何物质，仅在字迹处呈戈本身的

（眉批）是否笔画依旧深，外久漆质老化脱落，而刻纹较深所以不好。如果是另外处理，那就整个字罩刻的字不行了吧！

23

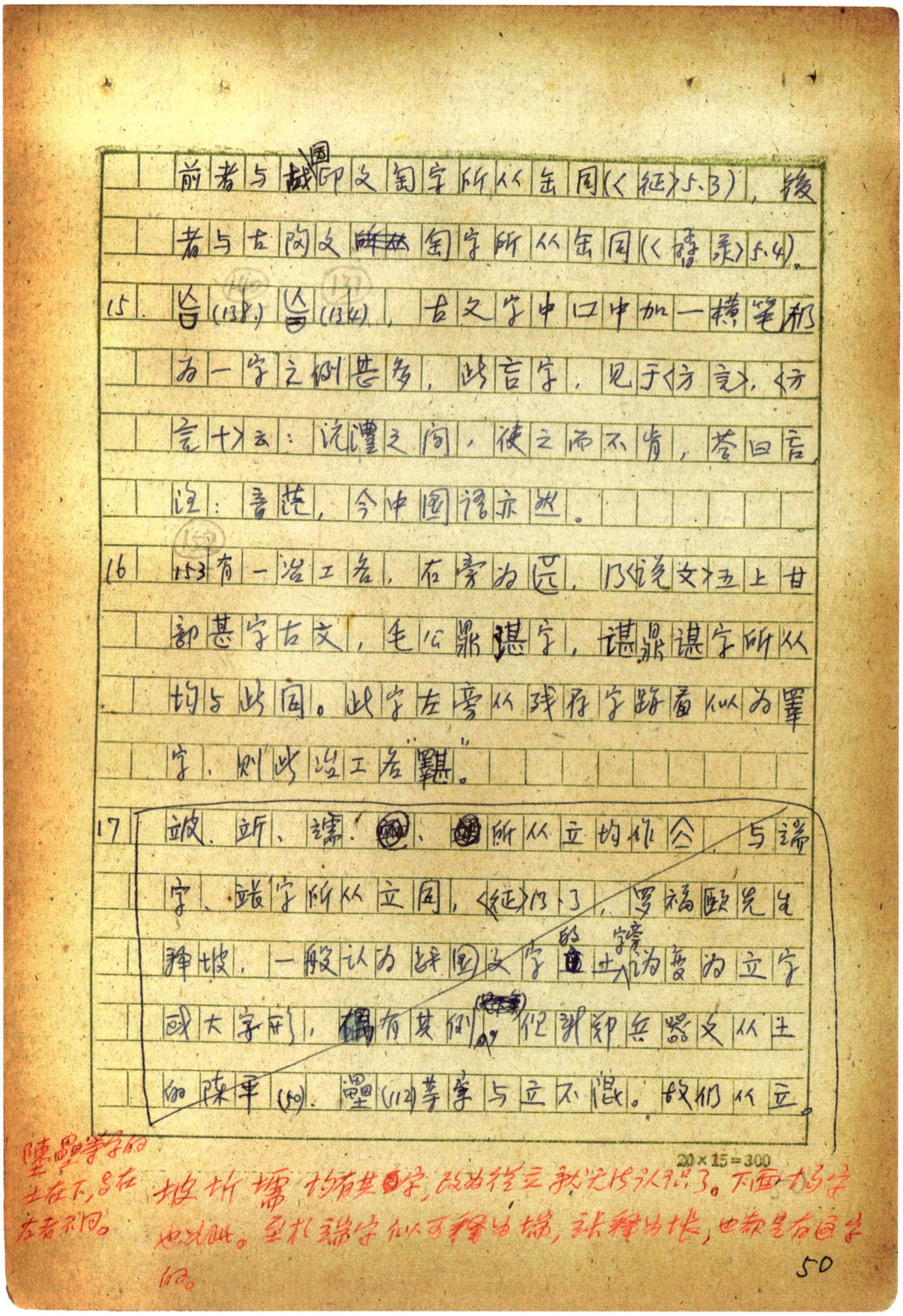

前者与诚印文圉字所从 (铅) 同（《征》5.3），後
者与古陶文所从圉字所从 (铅) 同（《档录》5.4）。

15. 合(138) 合(134)，古文字中口中加一横笔那
为一字之例甚多，此言字，见于《方言》，《方
言十》云：沅湘之间，使之而不肯，荅曰吝。
注：音鈍，今中国语亦然。

16. 153有一冶工名，右旁为邑，乃战国文字上甘
都甚字古文，毛公鼎諶字，諶鼎諶字所从
均与此同。此字左旁从残存字迹看似为罪
字，则此冶工名"罪"。

17. 敀、所、讀：⊙、⊙所从立均作立，与諳
字、鐼字所从立同，《征》13.3，罗福颐先生
释坡，一般认为战国文字器省上讹变为立字
或太字头，偶有其例，但见知兵器文从立
的陈平(30)、墅(114)等字与立不假。故仍从立

陳邵學稿
土在下，8在
左者不同。
坡折塙均有共⊙字，故当从三敉先生认释了。下面析字
也如此。至扑讀字似可释为鐼，诛释为坡，也都是有道学
问。

50

和 [43]. 铭文前部分相同，反部分一为生庠，一为武庠，衣工师之下，或作住，或作但，联名亦相同。117、118、119和120同为大官之名，庭更下，或为住舞，或为住舞，或为住尹、或为但，其联名亦同，知住与但乃一字异体。

西周金文中有铸而无冶字，随着冶铸技术的进一步发展，由铸字又派生出一同义词"冶"，冶与铸意义相近，但经之用为名词，如花边："大冶铸金。"但"铸"也有时用作名词，如寿县楚器铭文如铸等既有但师，也有铸客，上海博物馆收藏的集精瓻，铭文为盥(铸)肘(冶)瓷为集精。可见铸、冶是同义连文。

从字形来分析，铸字金文象两手执高(陈镉)将其铜液倒入皿(器范)中，后简化成盥(鄙君启节)，再简化成盥。(楚王盦忎鼎及斤邡发器也。

[红色批注，右侧竖写] 苏治妳所的冶，即冶字，甚，尝把匕移到右边，而把二移在匕下而已。

[红色批注，右侧竖写] 冶和铸是两回事，不能混为一谈

[红色批注，底部横写] 我觉把二告字告诉王人等，把乃他在金京记也讲到了

88

6. 长即胀，如90—94为司寇长朱即95为司寇□朱，其他长虚，古与均不读长为胀。

7. 肖即赵，赵从肖声，□印□见肖《征》43），应读赵，如侯马盟书《文物》1972年第3期，图版叁、肆、伍，其一肖朱与赵□同见，其二与三，则皆作肖朱与肖□，可证肖、赵通用以此□有□□别。

8. 不（116）即工师的师，116铭为埋氏，□□□□□□□□□

9. 登作登（124）、登（125），古印作登《征》2·3），古陶器文字作□（□录）2·3）此□□文则上端两足开的已改易得与陶文近似，登在此为埋，即郑，如□即郑，《□侓郑有郑析。

10. 重作東（137），古印也有此字（《□》8·3）□□□三□□□□□□□□□□□□□□□□□□卷一汶党□□□重连、《□□□》□□□。作埋氏之重，□从邑

□□□待时轩印存，□□□通庵印□

20×15=300

48

附录四 杨宽先生信件

本性同志：

上月到郑州参观学习，承蒙安金槐同志和贵馆许多同志热忱招待和指导参观，并蒙你把郢韩方地出土铜兵器铭文择文抄录一份，盛情厚谊，极为感激。回到上海后，因接连着的许多事待办，没有及能够抽紧时间对这批铭文加以推敲，很是抱歉。最近趁着覆查左史地图清样之便，对韩国铜兵器铭文初步揣摩了一下，觉得许多地名，你考释得很对。其中有些待参酌，提出下列三点，供你考改，不一定正确。

（一）第15号戈剑铭文地名，你说"郜郡"，读应"时"，疑为河南泌阳东南之"州"，"州""时"声近。我的意见，"时"走即高周古国之"时"，春秋时，地入于郑，亦作"眭"国，又作"辉"，在今河南鲁山县东南五十里，战国时土属于韩。《国语·周语中》记富辰曰："管鄂时之国也实大任"，韦注："辉、时，

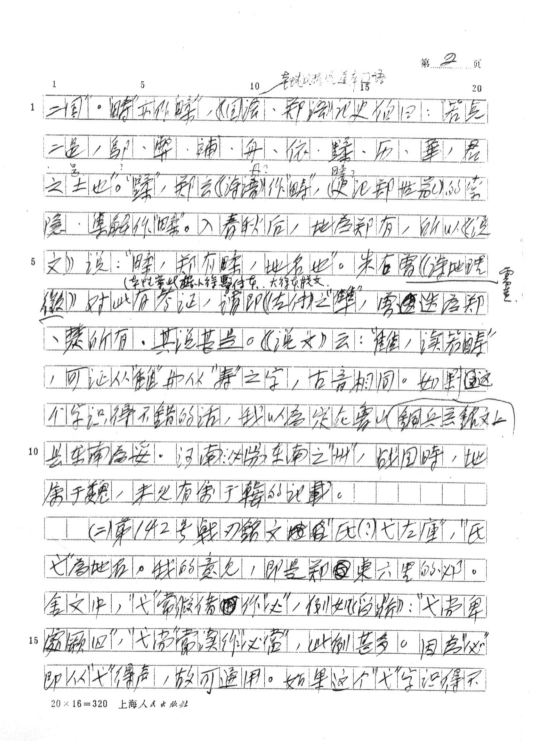

第 3 页

镐，此意当即必郢□城。《通典》引《括地谱县志》皆说
必郢地在管城县东六里，即今郑州东六里，此地
在此同时当属韩国郑郡新的管辖，可能因其地在
东，设在那里的库就叫左库。

　　(三)第158号159号戟刀铭文地名俈䓣，当读
即落。我的意见，"俈䓣即是落氏或皋落氏旧地
。《通志·民族略》引《风俗通》说："落氏本皋落氏
，翟国也。此地□制邾（今本风俗通不载）。《左传》
、《国语》因其在□晋之东山，又称东山皋落氏。
旧说皋落氏有二地，一在今昔阳县东南七十里
之皋落，一在今垣曲县西北六十里之皋落镇，
当为皋落氏迁徙所得名。垣曲县西北皋落镇，
战国时，比属于韩。

　　上述三点，都出于推测，未必确实。想来
你在这方面的研究已有很大的进展。此致
敬礼

　　　　　　　　　　　　　　杨宽

20×16＝320　上海人民出版社

附录五　河南省博物馆致中国社会科学院
考古研究所公函（贾峨手迹）

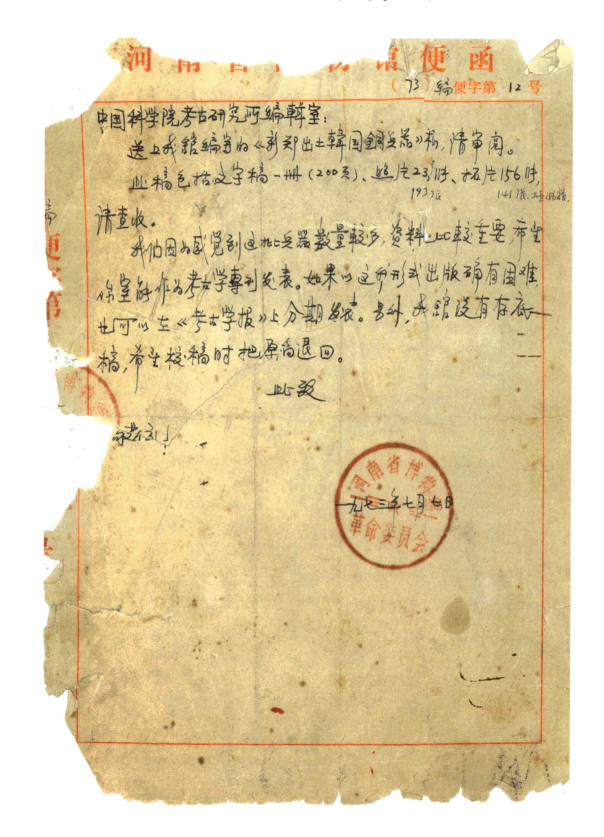

河 南 省 博 物 馆 便 函

（73）编便字第 12 号

中国科学院考古研究所编辑室：

送上我馆编写的《新郑出土韩国铜兵器》稿，请审阅。

此稿包括文字稿一册（200页）、照片23张、拓片156件。

1933张　　　141张、石膏186张

请查收。

我们因为感觉到这批兵器数量较多，资料比较重要，希望您保留审作为考古学专刊发表。如果以这种形式出版确有困难，也可以在《考古学报》上分期发表。另外，我馆没有存底稿，希望在校稿时把原稿退回。

此致

敬礼！

一九七三年七月七日
河南省博物馆革命委员会

附录六　《考古学报》回函

考 古 学 报 编 辑 部

郝本性同志：

《新郑兵器》拟由我们出专刊，已大致商定，但出专刊与出版部门等联系，需用文字来往。请由你所写一公函给本所编辑室。至于具体的修改稿件的日期，要等与出版社联系好以后再定，届时再由我所去函请你。如时提刊十月下旬最好，望速补来公函。

此致

敬礼

周永珍 81.10.9

后　记

　　本报告发表的是 1971 年 11 月在新郑郑韩故城东城白庙范村平整土地时发现的战国时期韩国铜兵器的资料。当时发现后就被当地群众取走,次日我们才得知这一消息,遂由当时的新郑县文化馆与我到当地动员群众,他们便将挖出的铜兵器上交。1972 年,《文物》杂志要刊出河南专号,我便用一周的时间赶写了一篇简报,以《新郑"郑韩故城"发现一批战国铜兵器》为题发表在了《文物》杂志第 10 期。当时仅选出一些与韩国直接相关的铜兵器,主要是战国时韩桓惠王和韩王安时期的兵器。随后,对于其他出土兵器,如地名、工官制度与埋藏原因也等做了一些研究,分别在《古文字研究》中陆续刊发。正式的考古发掘报告曾送交《考古学报》,但是由于篇幅过长,加之需要摹写的古文字较多,当时刊印困难,遂被退稿。

　　本报告成稿后,曾请我在北京大学读研究生时的导师,故宫博物院的业务副院长唐兰先生进行了审阅与指正,北京大学孙贯文先生也提供了部分参考资料。后来,复旦大学杨宽先生来郑看过兵器后,曾来信提供一些地名的参考意见。如今,这些先生均已作古,好在他们对文稿的批注和来信尚存,本书出版时,我们将上述资料一并刊发,以表纪念和谢忱。

　　本书是集体合作的成果。由于纸质稿久经搁置,先由我院王瑞雪女士把书稿录成电子稿,复由中国海洋大学文学系张新俊先生根据后来发现的韩国兵器与各家的考释论著,对书稿进行了增补。本书的图版有黑白和彩色两种,黑白照片摄影者为王兆文同志,彩色照片由河南博物院牛爱红女士拍摄,同时我院聂凡同志对收藏于新郑博物馆的两件兵器也进行了拍照。本书刊发的拓片多由冯天成同志制作,中国美术学院的朱江浩同志则对新郑博物馆馆藏的两件兵器铭文进行了拓印。兵器的修复工作早年由王长青同志承担。我院牛维和梁素萍两位女士也参与了后期的修图和校稿工作。上海古籍出版社的姚明辉先生担任本书的编辑,不辞劳苦,订正谬误,使报告增色不少。

　　我已年近古稀,本书能够顺利出版,得到了各级领导与相关年轻人的大力支持与帮助。曾先后得到了河南省文物局贾连敏副局长、河南省文物考古研究院刘海旺院长、河南博物院马萧林院长的大力支持,院综合办孙凯主任做了大量的协调工作。在此一并致谢!

　　在本报告刊印之前,已有不少中外学者对战国时期诸国兵器的研究成果刊发,希望今后会有更多的发现和精深研究,对战国历史特别是韩国历史,以及兵器铸造史与古文字有更深入的研究和阐发。

郝本性

二〇二四年元月

图　版　编

新郑出土韩国铜兵器序号、释文对照表

编号	式　别	释　　文
1	乙Ⅰ戈胡	郑左库
2	甲Ⅰ矛骹	郑左库
3	甲Ⅰ矛骹	郑左库［刻］　Ⅱ右☒［铸］
4	乙Ⅰ戈胡	郑右库
5	乙Ⅰ戈内	郑右库
6	甲Ⅱ矛骹	郑右库
7	乙Ⅱ戈内	郑武库
8	乙Ⅱ戈内	郑武库　Ⅱ□杍丕閏（门）
9	乙Ⅱ矛骹	郑武库
10	乙Ⅰ戈胡	郑生库
11	乙Ⅰ戈胡	郑生库［铸］才（在）［刻］
12	乙Ⅰ戈胡	郑生库
13	甲Ⅱ戈胡	郑生库
14	乙Ⅰ戈胡	郑生库
15	乙Ⅰ戈内	郑生库
16	乙Ⅰ戈内	生库
17	乙Ⅰ戈内	生库
18	乙Ⅰ戈援原部	生库
19	乙Ⅱ戈内	生库　Ⅱ朱（?）
20	甲Ⅰ矛骹	郑生库［铸］旗（戟）束［刻］
21	甲Ⅰ矛骹	郑生库［铸］旗（戟）束［刻］

3

释文: 郑左厍 [刻] Ⅱ右 [铸]

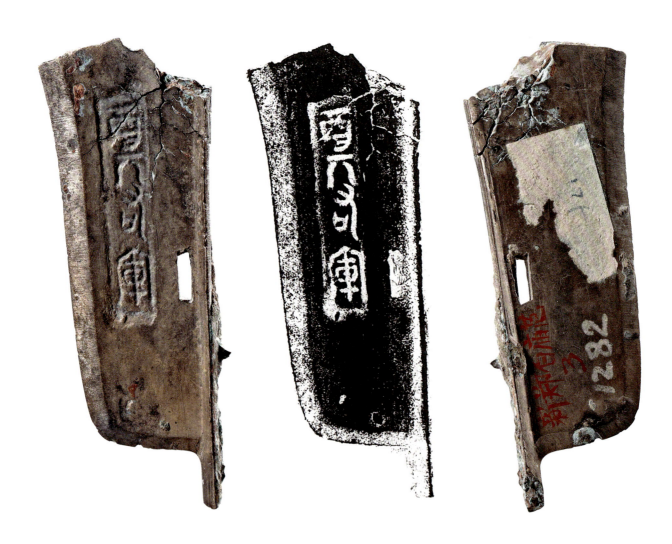

4

释文：郑右库

5

释文：郑右库

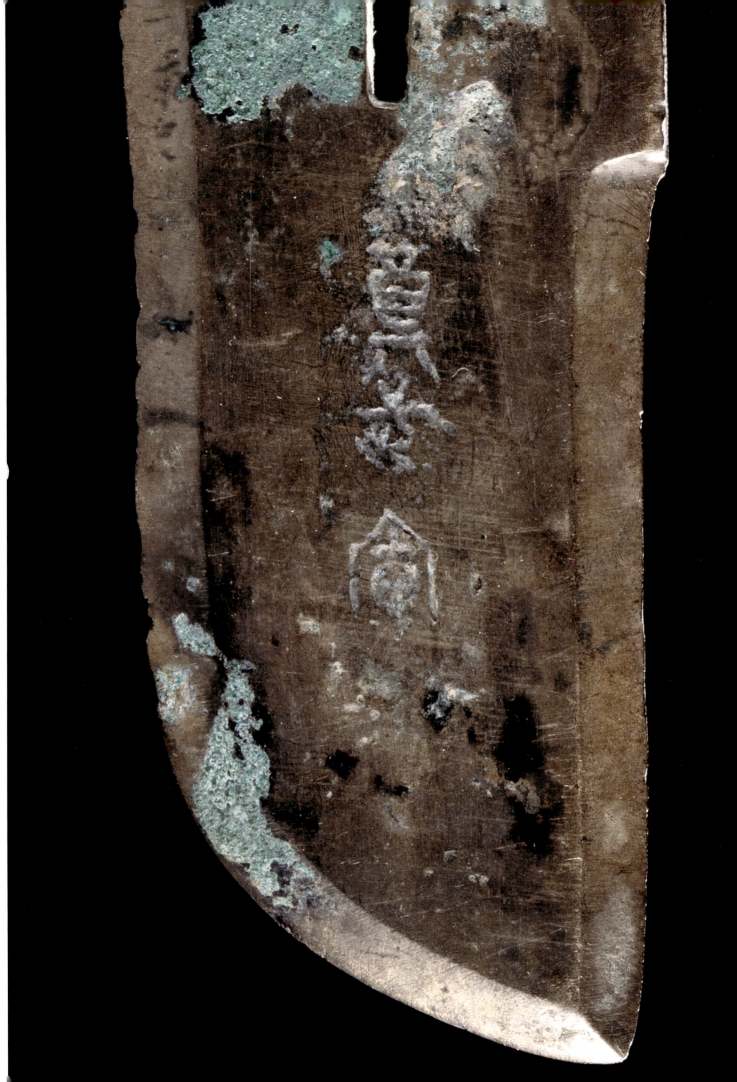

9

释文：郑武库

11

释文：郑库［铸］才（在）［刻］

12

释文：郑生库

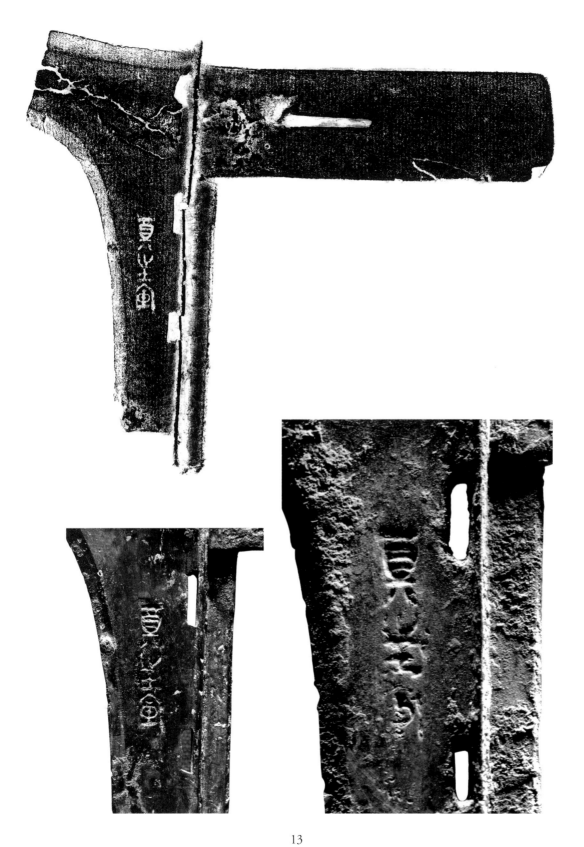

13

释文：郑生库

14

释文：郑生库

15

释文：郑生库

19

释文: 生库Ⅱ朱（？）

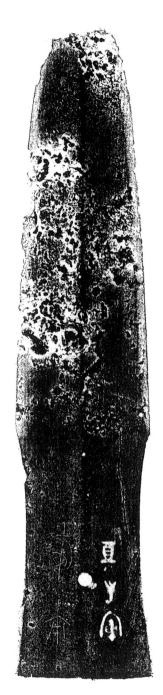

20

释文: 㢓库 [铸] 𣄰 (戟) 柬 [刻]

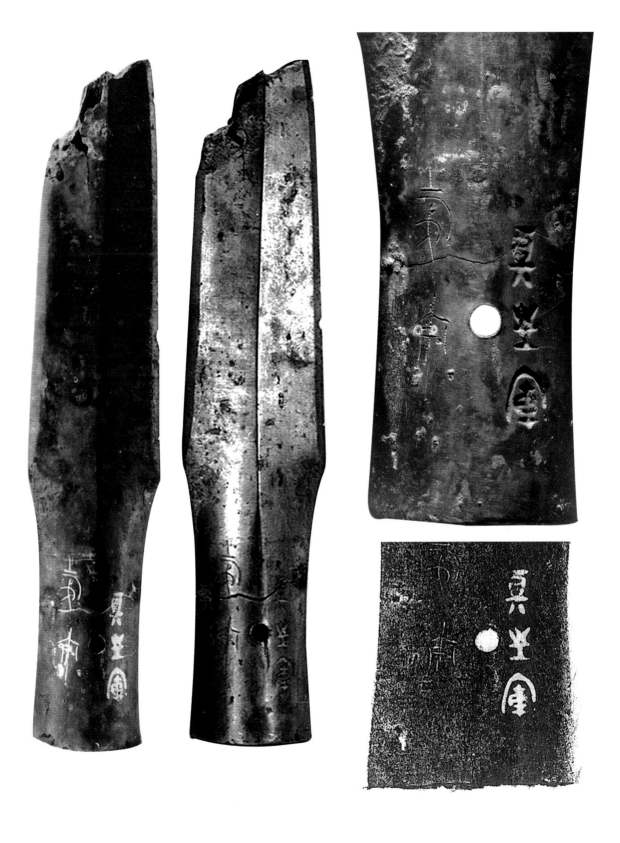

21

释文：生库［铸］族（戟）束［刻］

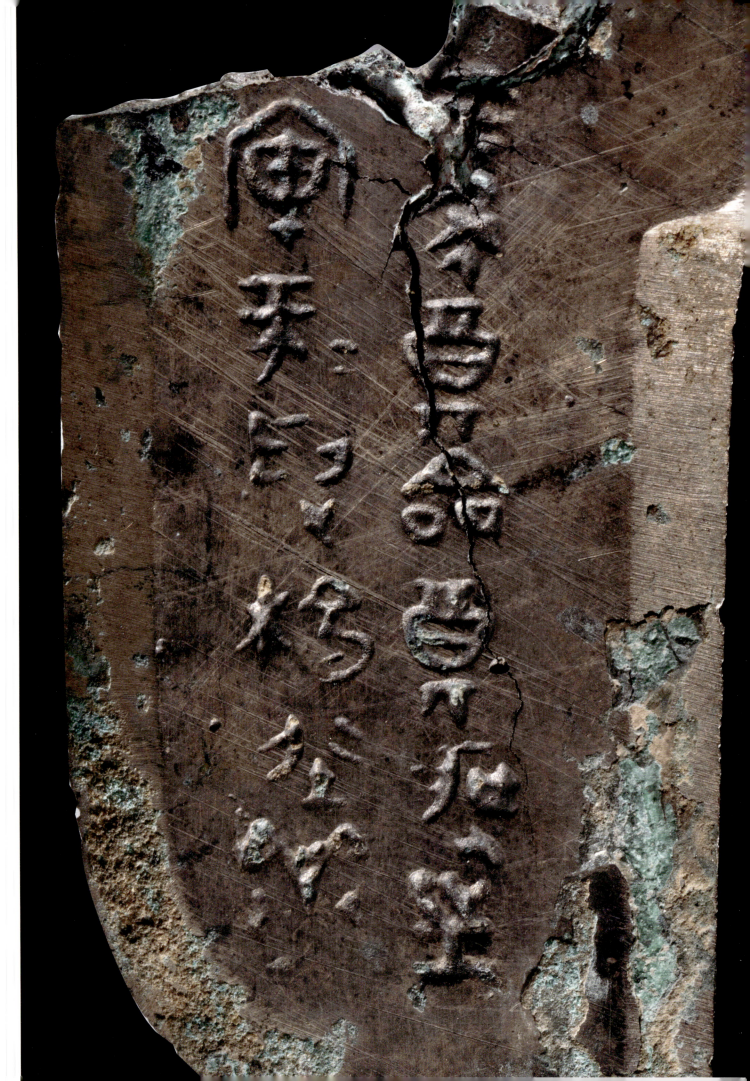

27

释文：四年郑命（令）韩缶申左库工师阪章冶□

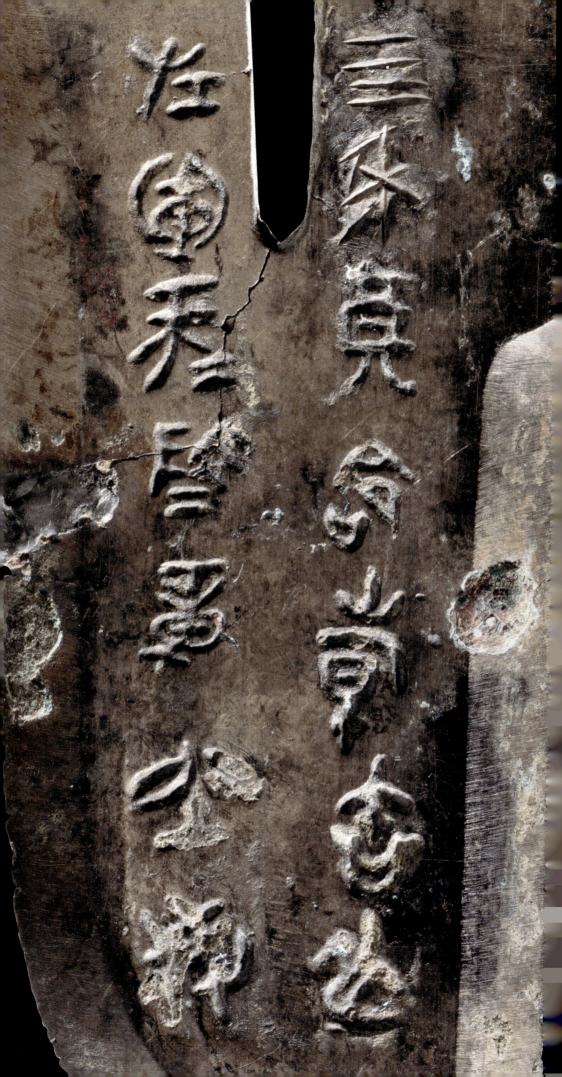

28

释文：四年郑命（令）韓缶申左库工师阝章冶□

29

释文：二年郑☐库工师☐

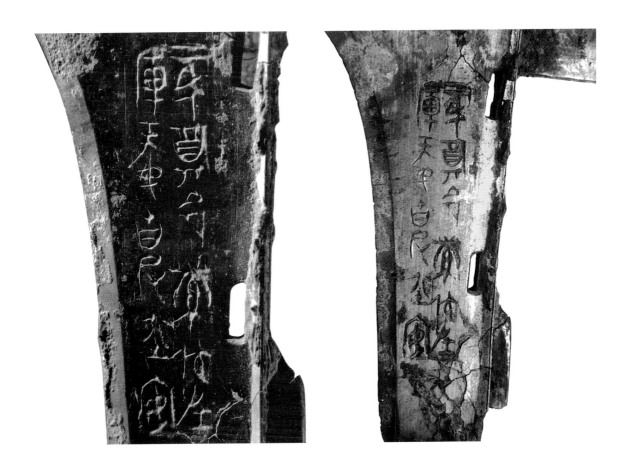

30

释文：二年郑令髳（缪）佗左库工师女隋（皮）冶安

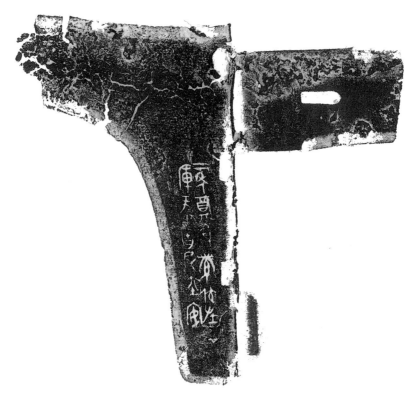

31

释文：二年郑命（令）缪□右库工师司马轋治狄

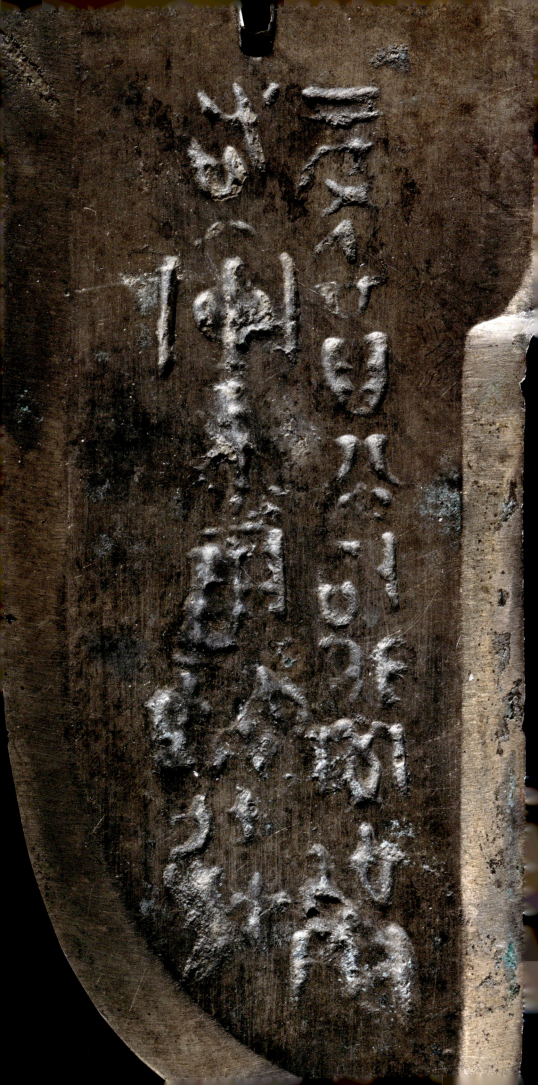

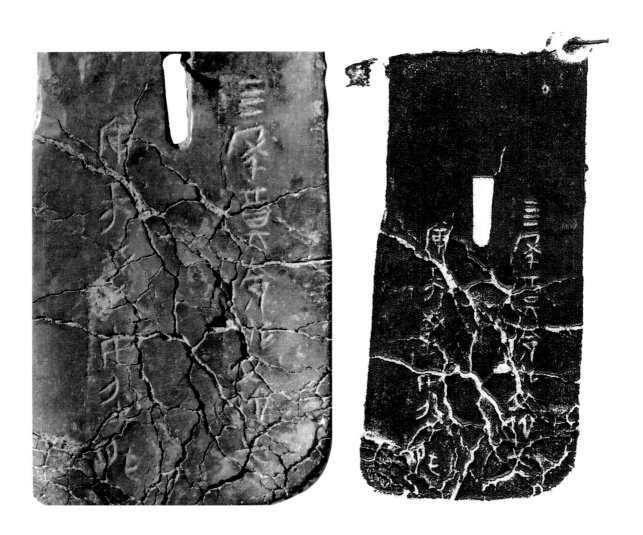

32

释文：四年郑令缪佗武库工师乘女阝匕冶 Ⅱ 人

34

释文：王二年郑命（令）韩熙右库工师骆庆☒□□

35

释文：王三年郑命（令）韩熙右库工师史（翟）冶

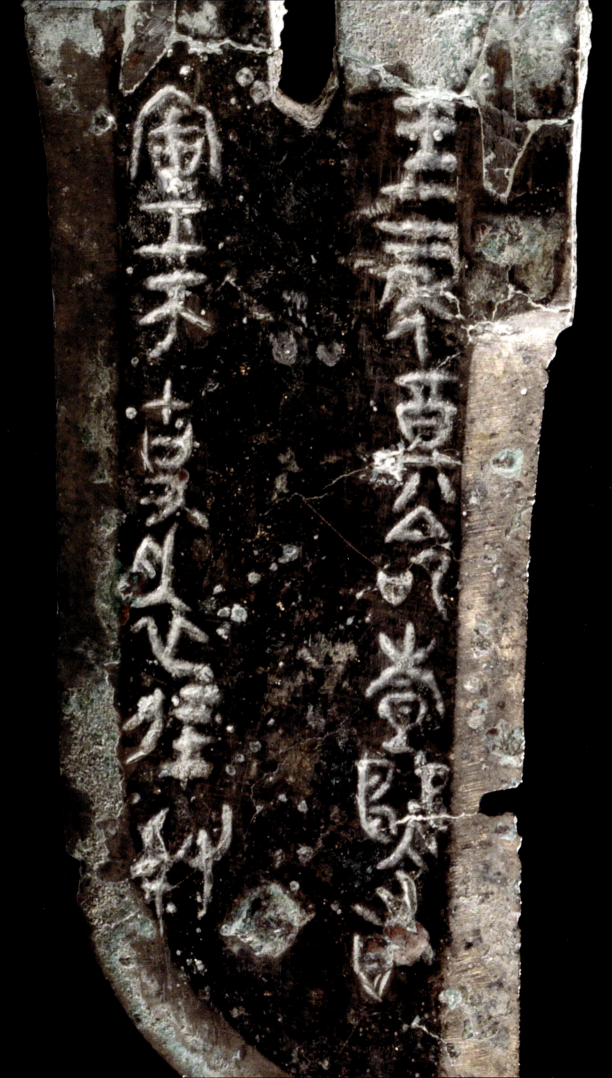

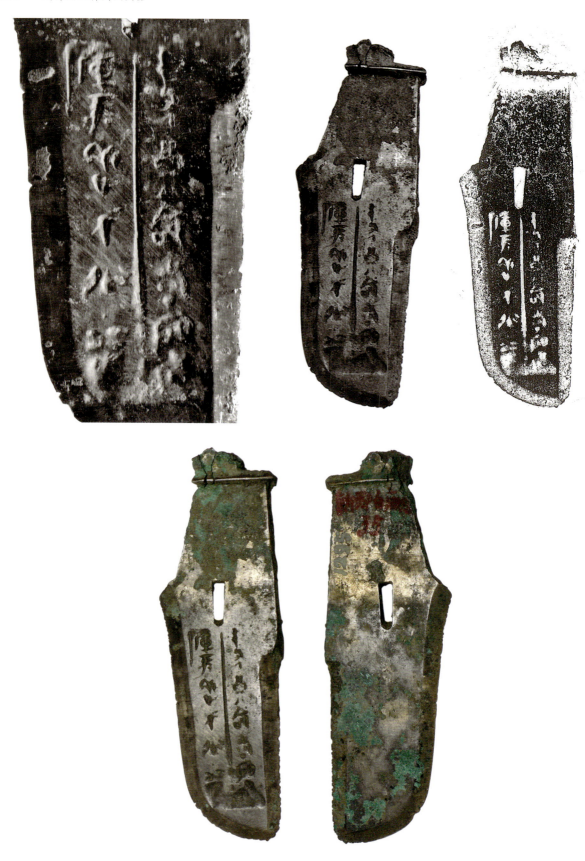

36

释文：十年郑命（令）韩熙武库工师🅿人冶□

37

释文：郑命（令）韩熙库工师大□冶□

释文:廿 ⁊[合文] 郑命（令）肖（赵）宪司寇▢武库工师▢▢▢冶▢▢

39

释文：四年郑命（令）肖（赵）㝎司寇张狐左库工师□ 0罩 冶章

40

释文：四年郑命（令）肖（赵）宪司寇张狐生库工师涉戈冶囗

41

释文：四年郑命（令）肖（赵）宼司寇张狐生库工师张准冶臭敢（造）

释文：□生库工师张雉仕冶

42

43

释文：五年郑命（令）肖（赵）㝵司寇张狐武库工师宗（保）冶善〇

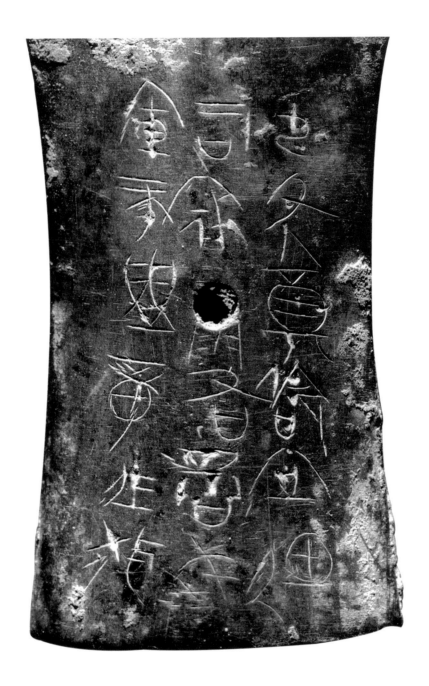

44

释文：九年郑伦（令）向疆司寇霁（狢）商武库

工师 皿（铸）章冶狋Ⅱ才（在）

45

释文：九年郑倫（令）向（疆）司寇霉（貉）商武库工师盨（铸）章冶褋

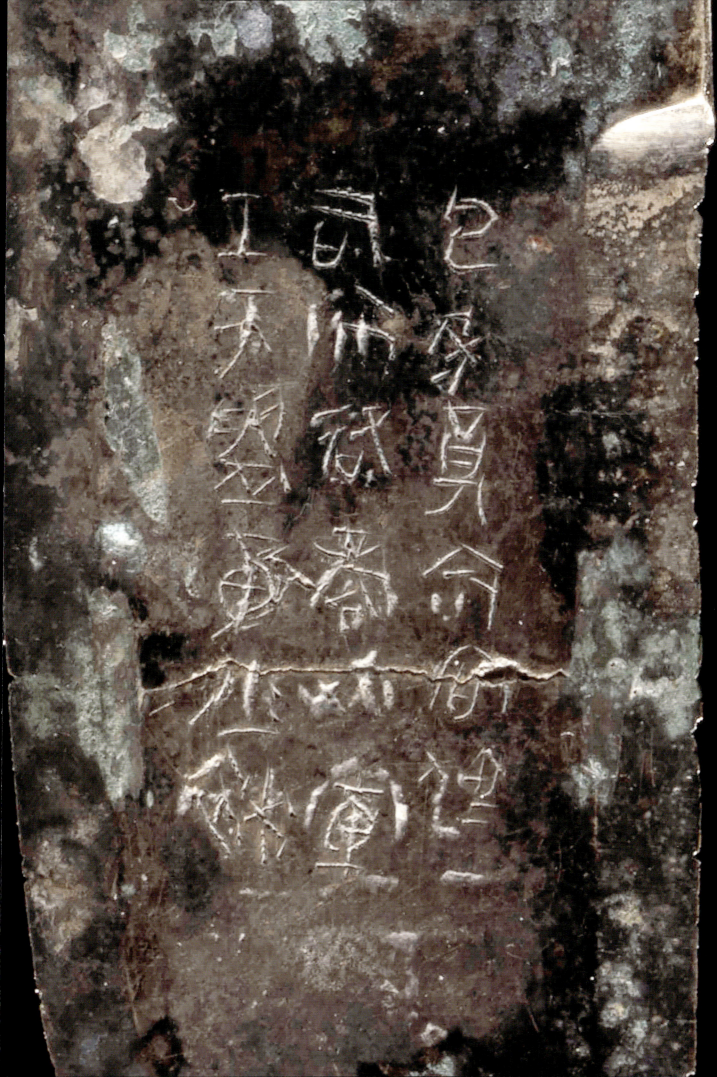

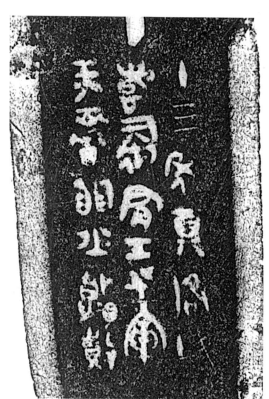

46

释文：十三年郑 倫（令）戋彭司寇君（尹）玉生库工师<u>匐耆</u>角印冶□敱（造）

47

释文：十四年郑命（令）肖（赵）距司寇王屠生库工师甾者角印冶贞

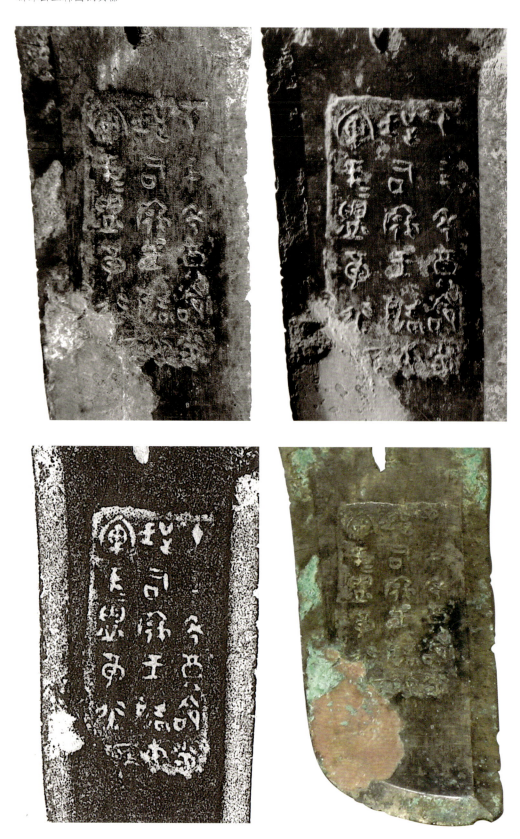

48

释文：十四年郑命（令）肖（赵）距司寇王屠武库工师盌（铸）章冶□

49

释文：十五年郑（令）肖（赵）距司寇彭璋右库工师墜（陈）坪（平）冶赣

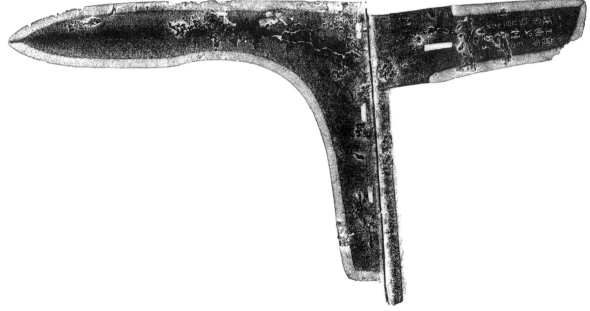

50

释文：十六年郑命（令）肖（赵）距司寇彭璋武库工师冶瘠

51

释文：十六年郑☒（令肖）（赵）距司寇彭☒（璋生庫）工师肖（赵）䏝（治☐造）

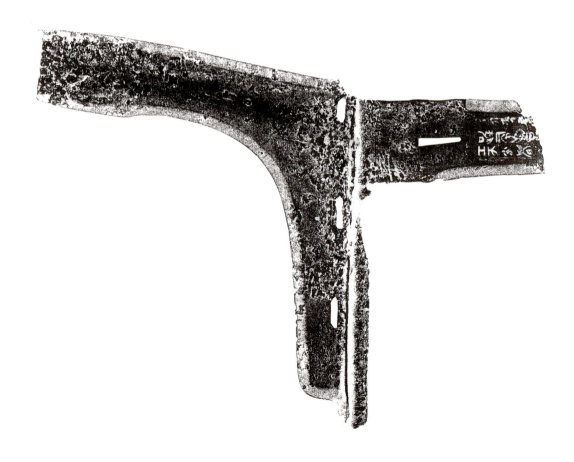

52

释文：□□年郑命（令）肖（赵）距司寇彭璋生库工师肖（赵）齎冶珀敓（造）

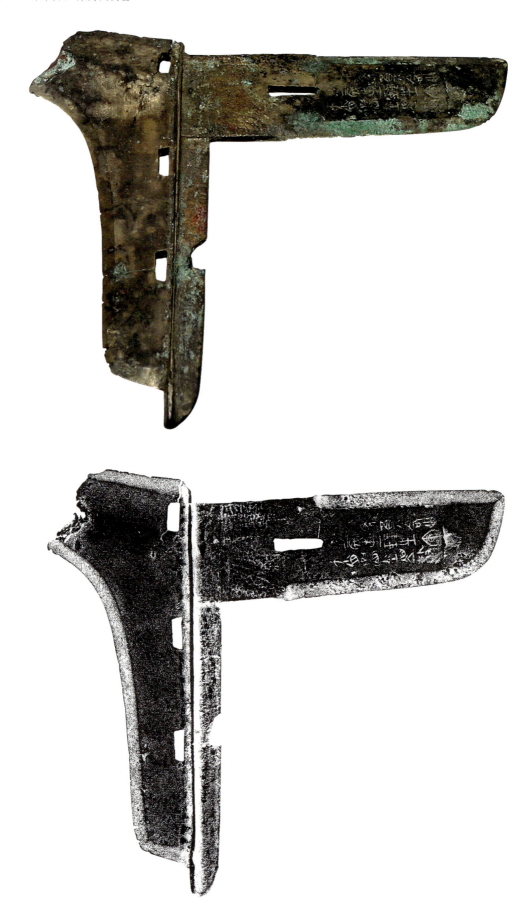

53

释文：十七年郑命（令）坣（隰）恒司寇彭璋武库工师皇吊冶狃

54

释文：十七年郑命（令）𡎚（隰）恒司寇彭璋武库工师皇吊冶□

55

释文：十七年☒（郑令坒）（隰）恒司寇☒（彭璋武库）工师皇吊☒（冶□）

释文：十七年郑倫（令）（隰）恒司寇彭璋生库工师肖（赵）贊☒（洛□□）

56

释文：十七年郑倫（令）坖（隰）恒司寇彭璋生库工师肖（赵）贊☒（洛□□）

57

释文：廿年郑伦（令）韩恚司寇大裕右库工师张阪冶赣

58

释文: 廿年郑倫（令）韩悫司寇犬裕右库工师张阪冶□

59

释文：廿年郑倫（令）韩悫司寇大裕武库工师卬戠冶狃

60

释文：廿一年郑命（令）艁□司寇犬裕左库工师吉忘冶緓

61

释文：廿一年郑命（令）觥□司寇因（吴）楮左库工师吉忘冶□

62

释文：□韩安□武库□冶杲

63

释文：卅一年郑命（令）象（郭）湆司寇肖（赵）它武库工师裁乔 ☒

64

释文：卅一年郑命（令）枭（郭）湢司寇肖（赵）它生库工师皮耳冶君（尹）䀠（啟？）

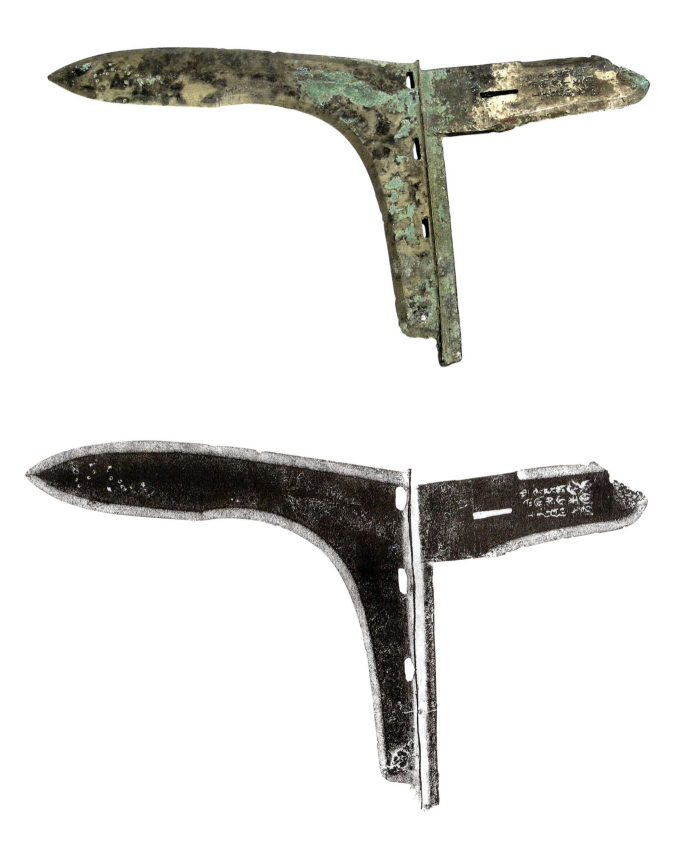

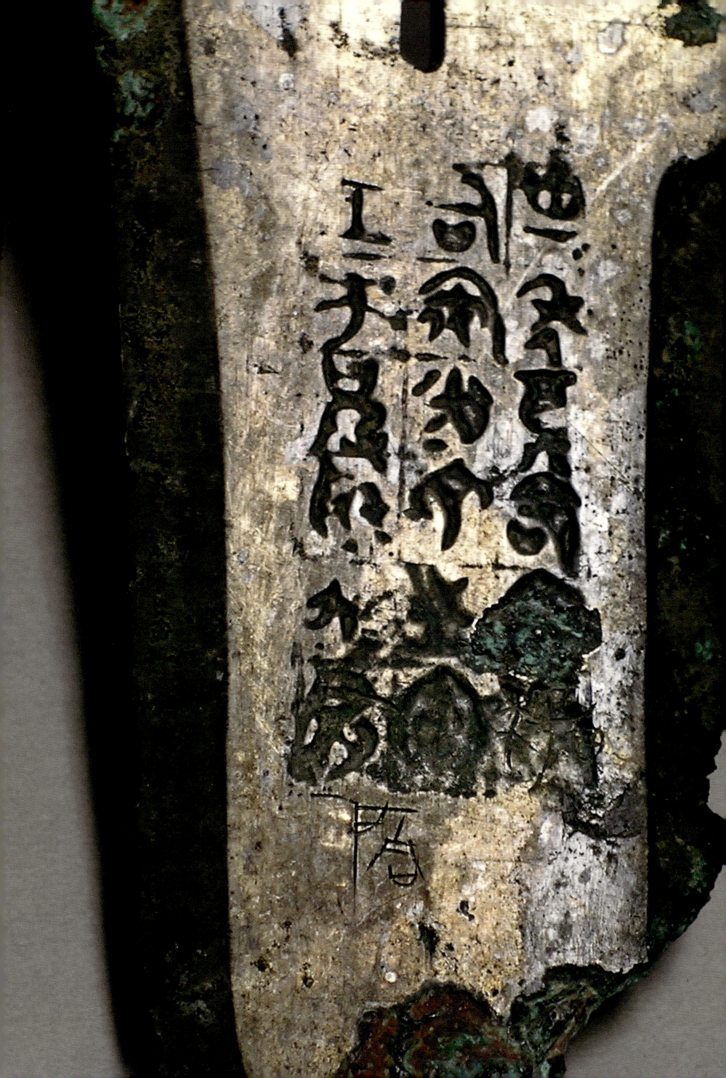

65

释文：卅二年郑伶（令）棠（郭）潘司寇肖（赵）它生库工师皮耳冶君（尹）坡

释文：卅一年郑倫（令）橐（郭）潘司寇肖（赵）<u>它</u>左库工师御圻冶高敳（造）

66

67

释文: 卅一年郑 倫（令）☒（郭潘）司寇肖（赵）☒它左库工师御圻☒

68

释文: 卅二年□（郑令郭）潘司寇□（肖它……）

69

释文：卅三年郑伦（令）秄（郭）潏司寇肖（赵）它左库（工师）御圻冶君（尹）书敔（造）

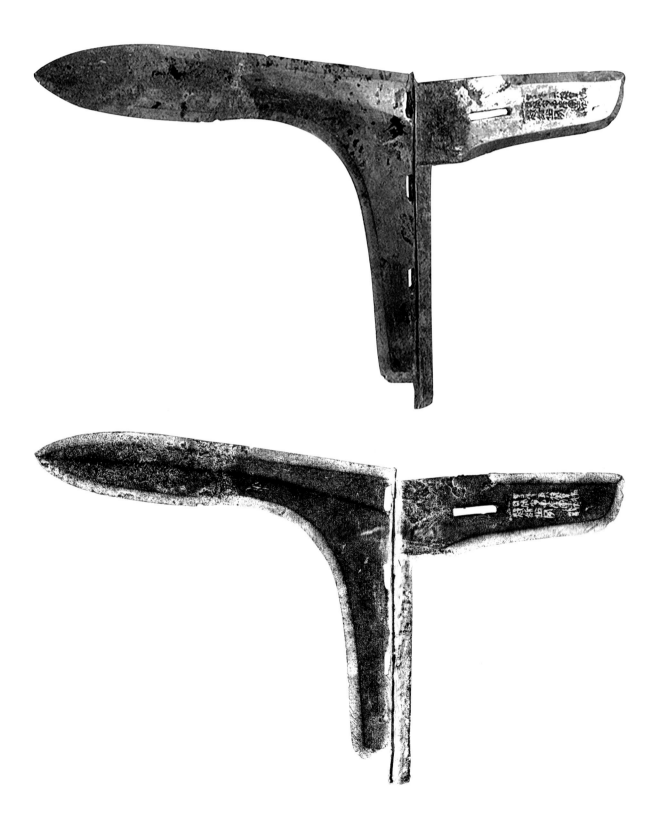

70

释文：卅三年郑倫（令）☒（橐潘）司寇肖（赵）它左库☒工师㭪圻冶君（尹）弱𫓧（造）

释文：☐左库工师御圻治君（尹）弜敨（造）

72

释文: 卅三年郑命（令）枭（郭）潘司寇肖（赵）它生库工师皮耳冶君（尹）启敥（造）

73

释文：卅四年郑命（令）橐（郭）潘司寇肖（赵）它右库工师张襄冶君（尹）啟敳（造）

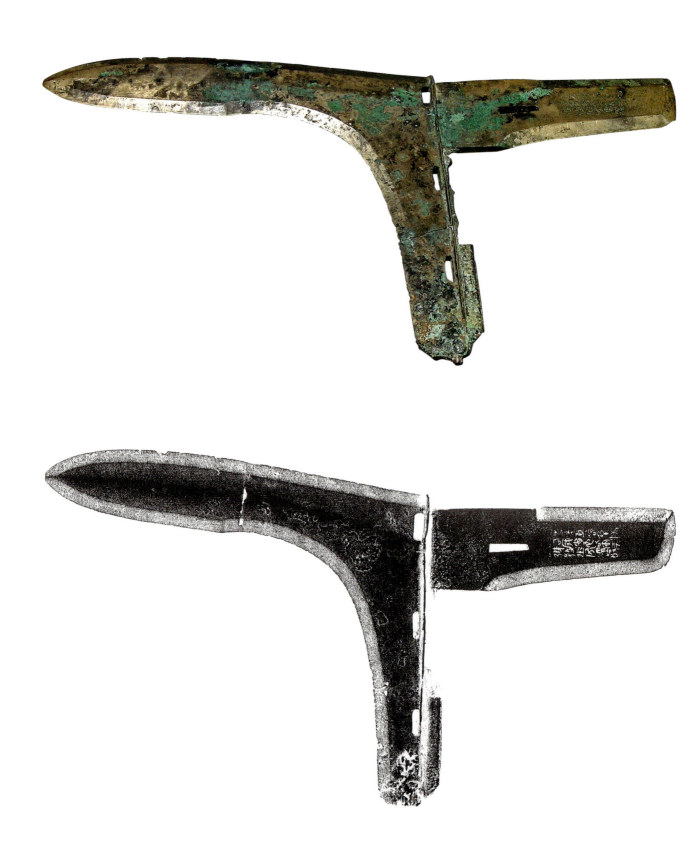

74

释文：卅四年郑伦（令）枲（郭）潘司寇肖（赵）它武库工师任肝冶君（尹）墙敱（造）

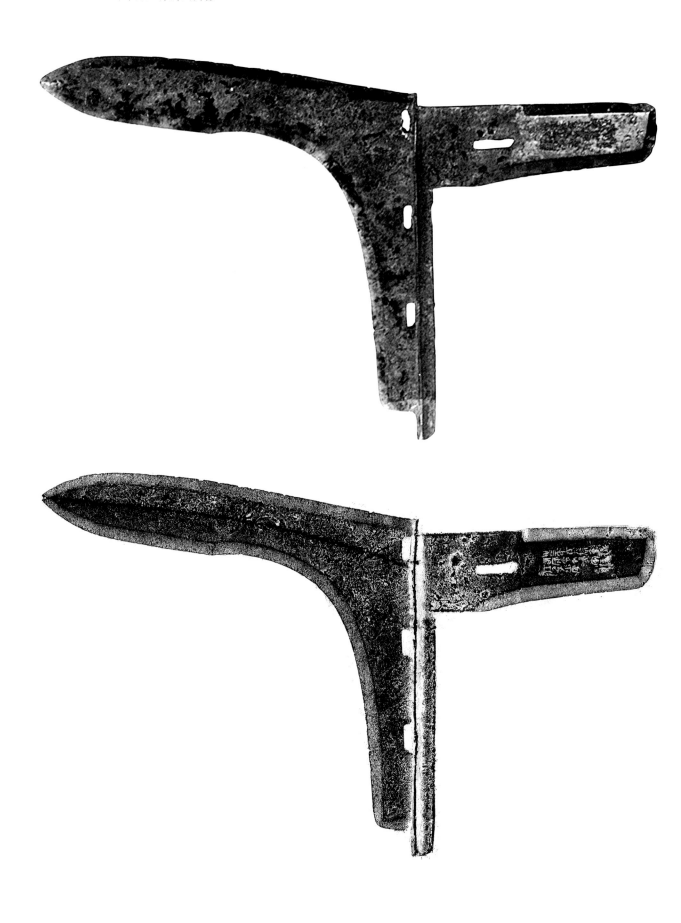

75

释文：卅四年郑伦（令）枭（郭）潘司寇肖（赵）它武库工师任肝冶君（尹）墙散（造）

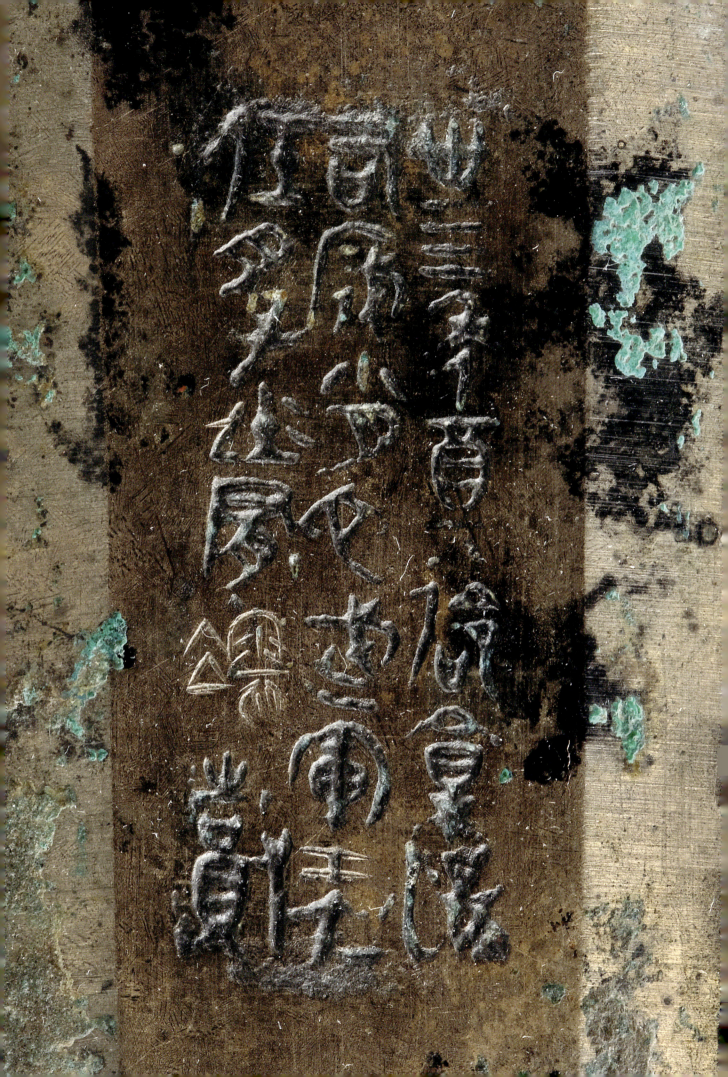

76

释文: 卅四年郑侴（令）㝬（郭）潘司寇肖（赵）它武库工师任肝冶君（尹）𠪥（期）散（造）

77

释文：卅四年郑佮（令）䣛（郭）潘司寇肖（赵）它左库工师䢚圻冶君（尹）弜敚（造）

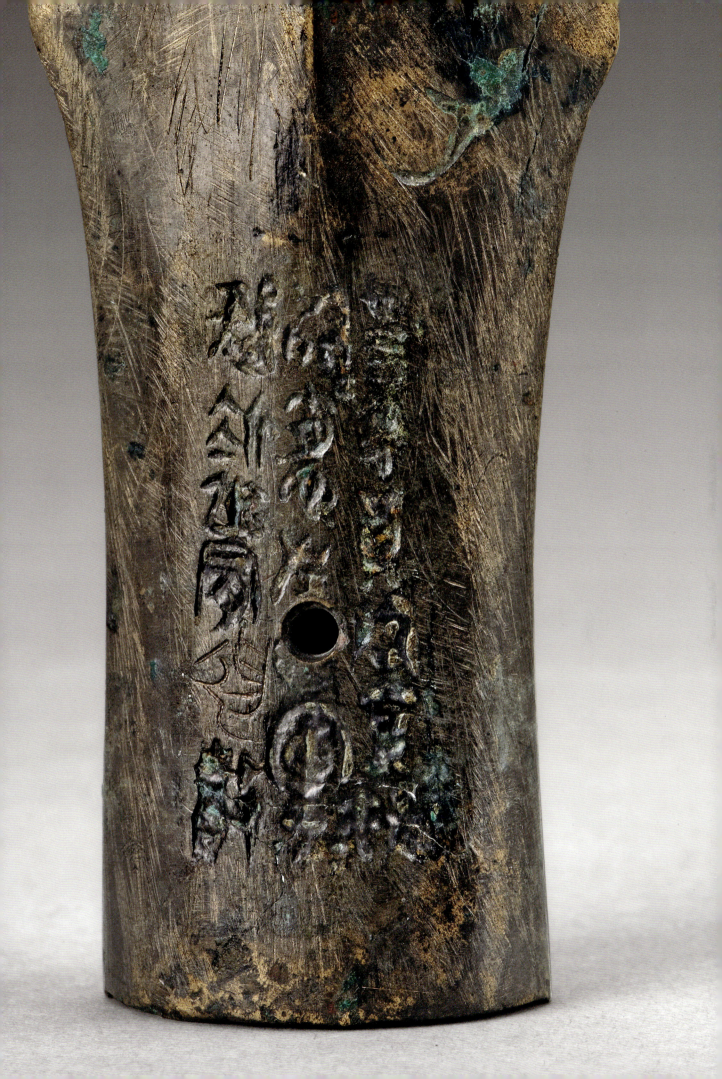

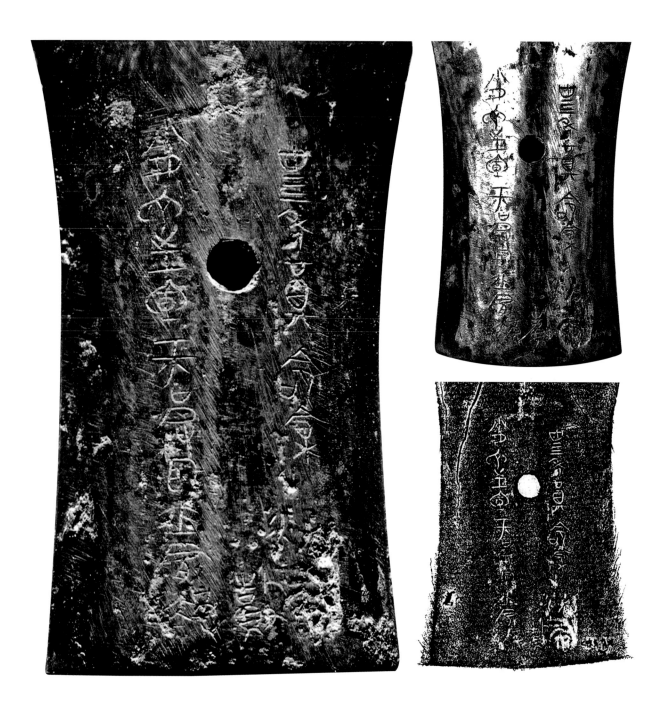

78

释文：卅四年郑命（令）枲（郭）潘司寇肖（赵）它生库工师皮耳冶胥（尹）坡敨（造）

79

释文：卅四年郑命（令）㯱（郭）潘司寇肖（赵）它生库工师皮耳冶君（尹）呻敔（造）

80

释文：卅四年郑命（令）橐（郭）☒肖（赵）它生库工师皮耳☒

81

释文: 元年郑倫(令)弇(郭)潘司寇芋庆生库工师皮耳冶君(尹)支敨(造)

82

释文：二年郑伦（令）桼（郭）潘司寇芋庆生库工师皮耳冶君（尹）坡敚（造）戈

83

释文：三年郑侖（令）枲（郭）滘司寇芊庆生库工师皮耳冶 君（尹）啟 散（造）

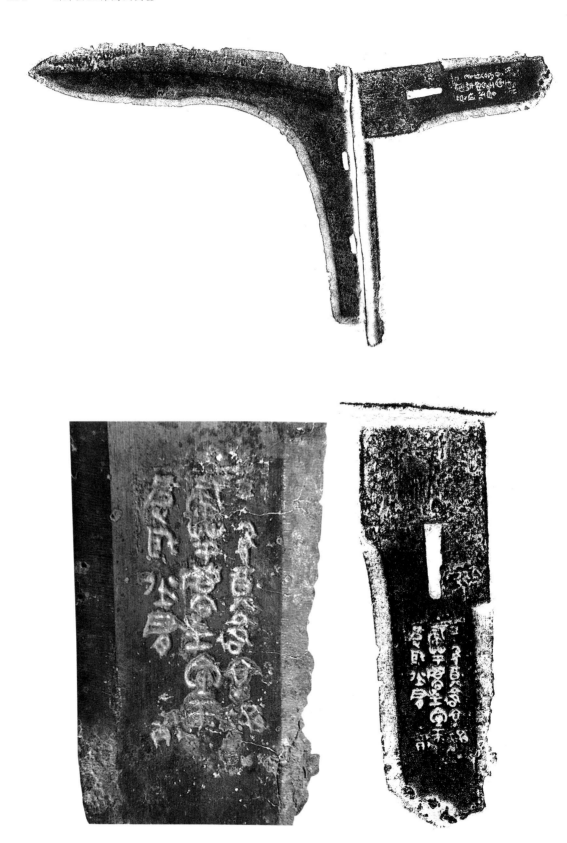

85

释文：□年郑伦（令）桼（郭）潘司寇芋庆坓库工师皮耳冶君（尹）启敚（造）

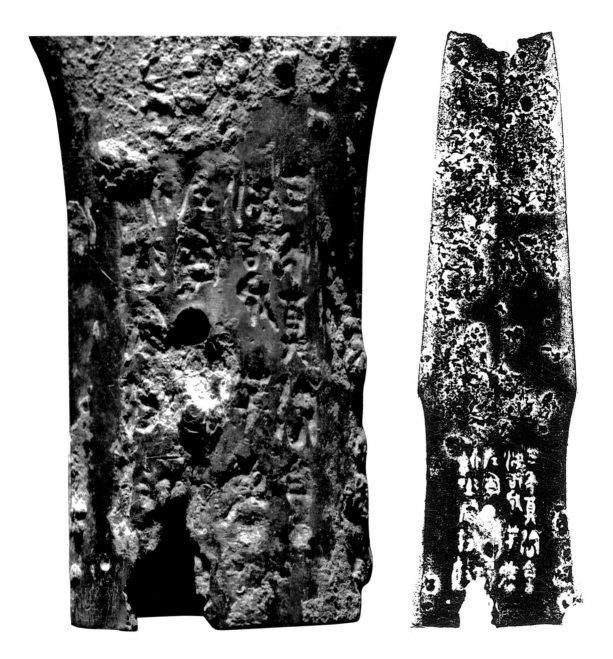

86

释文: 三年郑伦（令）裛（郭）潘司寇芋庆左库工师御圻冶君（尹）弜叡（造）

88

释文：□伦（令）枭（郭）潘□库工师□嬬敄（造）

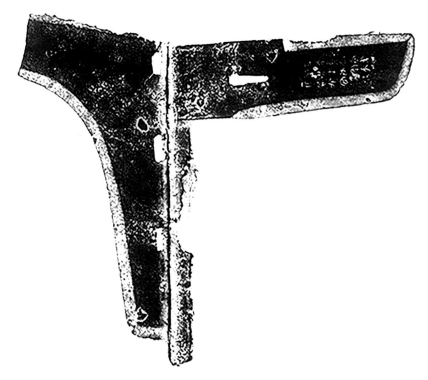

90

释文：四年郑伦（令）韩半司寇长（张）朱武库工师弗怣（悲）冶君（尹）敄（？）散（造）

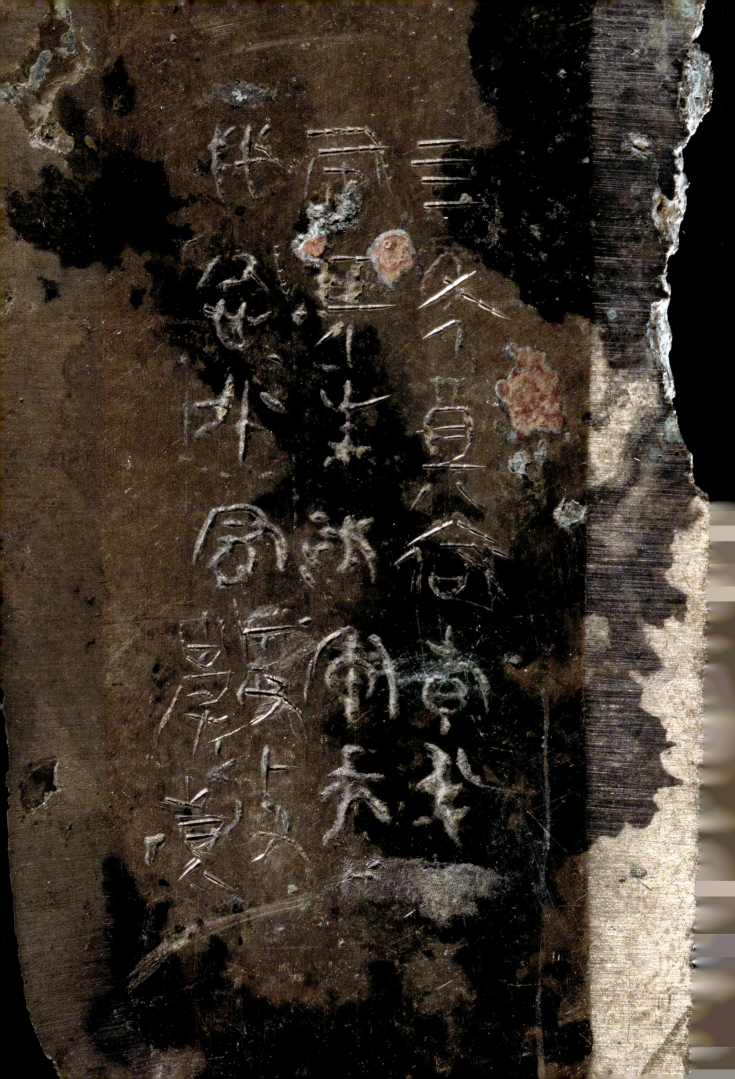

91

释文：四年郑 偸（令）☒司寇长（张）朱武弗忑（恚）冶君（尹）☒

92

释文：四年郑伦（令）韩半司寇长（张）朱左库工师昜（夷阳）臾冶君（尹）弜敳（造）

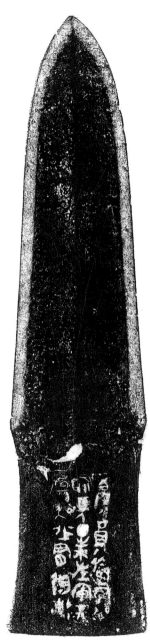

93

释文：五年郑偷（令）韩半司寇长（张）朱左库工师昜（夷阳）臾冶君（尹）弜敽（造）

94

释文：五年郑伶（令）韩半司寇长（张）朱左库工师昜（夷阳）臾冶君（尹）弜敹（造）

95

释文：五年郑倫（令）韩半司寇长（张）朱右库工师春高冶君（尹）壖敫（造）

96

释文: 六年郑倫（令）尭（公先）甞(甞) 司寇宜半左库工师金庆治君（尹）猂(犴) 敀（造）

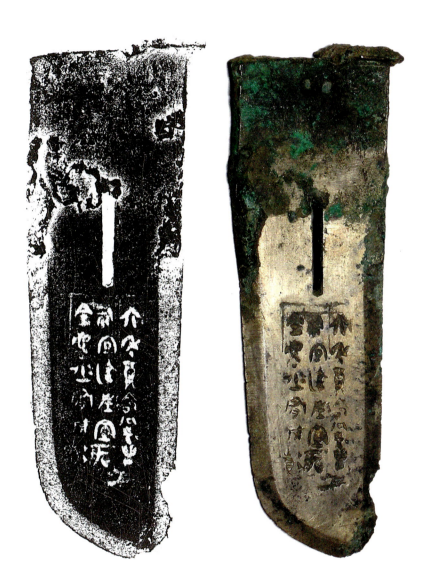

97

释文：六年郑 伶（令）尧（公先）瞢（瞢）司寇宜 平左库工师金庆治君（尹）厹 敨（造）

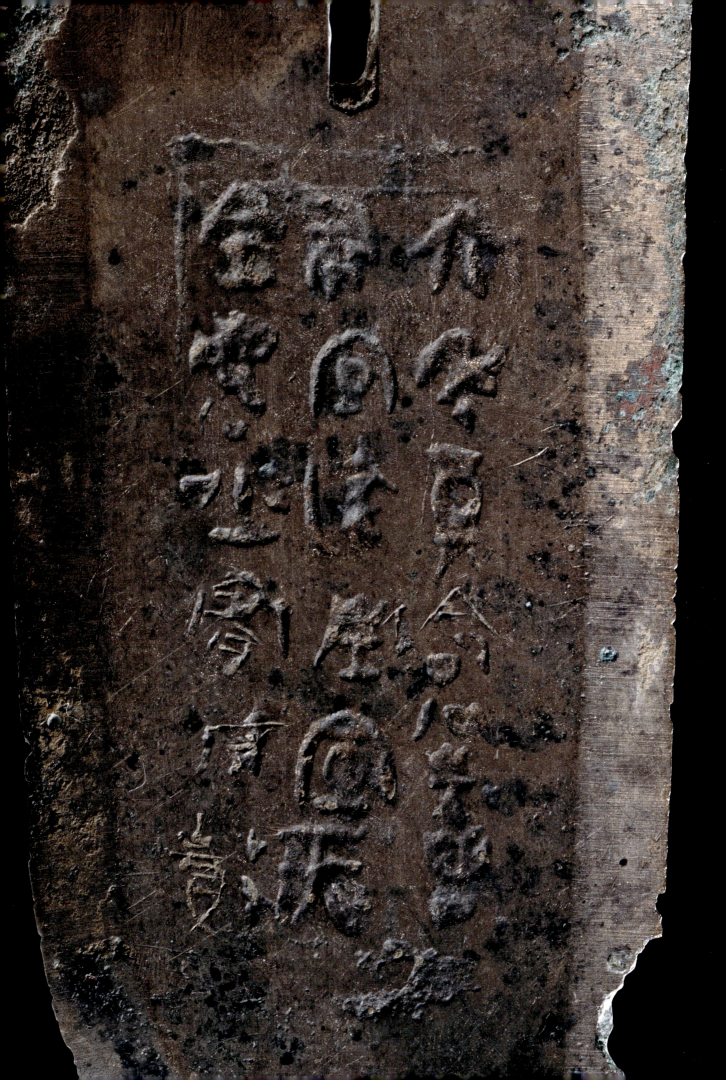

98

释文：六年郑倫（令）尭（公先）瞽（瞽）司寇乎□匣工师☒

99

释文: 七年郑 **伦**(令) **尭**(公先) **瞥**(瞥) 司寇史陉左库工师金庆冶君(尹) **弱 敫**(造)

100

释文: 八年郑 伦 (令) 尭 (公先) 嘼 (嚺) 司寇史陞右库工师春高冶君 (尹) □ 敽 (造)

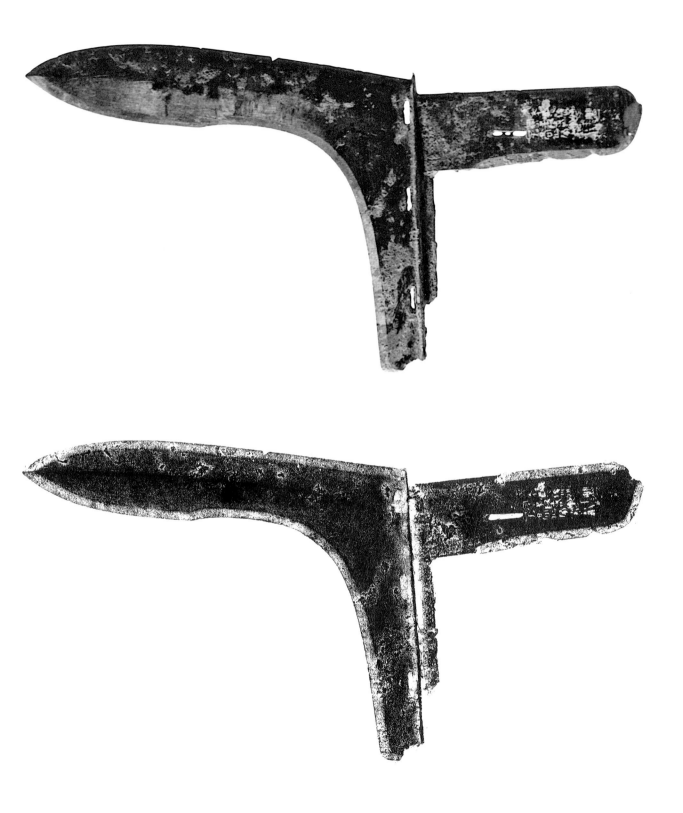

101

释文：八年郑伦（令）㲋（公先）眥（眥）司寇史陞武库工师长（张）丘（？）冶君（尹）壖敳（造）

102

释文: □郑命（令）尧（公先）瞢（瞢）司寇<u>史陞生</u>□戬（岁）冶君（尹）坡敱（造）

释文: 八年郑倫（令）公孙 司寇 史 阺（地）武库工师 ☒

103

释文: 八年郑倫（令）公孙 司寇 史 阺（地）武库工师 ☒

104

释文：▢年郑命（令）▢右库工师▢冶▢

105

释文：□□郑（？）□左库贲（造）冶

106

释文：十八年冢子韩缯下库啬夫乐瘫（雁）库吏安冶恙散（造）才（在）　　大官

107

释文：廿年冢子韩□乐瘫（雁）库吏⿸□□

108

释文：☒库啬☒冶长

109

释文：卅二年冢子韩春邦库啬夫芉庆大官下库啬夫长（张）虙库更□冶□

110

释文：卅二年冢子韩春邦库啬夫芊庆大官下库啬夫罍肾库吏春冶畀（畢）昌斁（造）

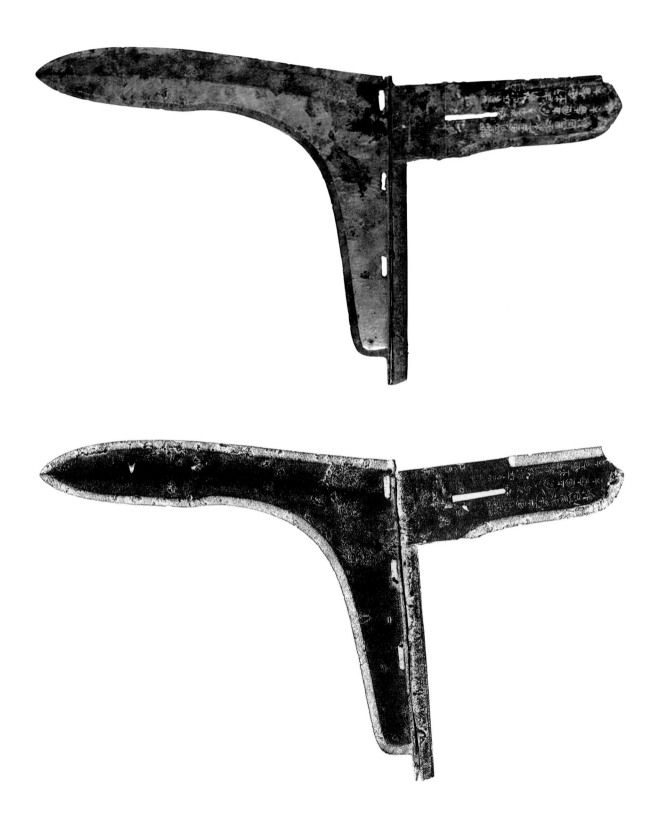

111

释文：元年冢子肖（赵）戠（悼）邦库啬夫賏叓大官下库啬夫长（张）□库吏猎冶畀（毕）狄敖（造）瑞旇□

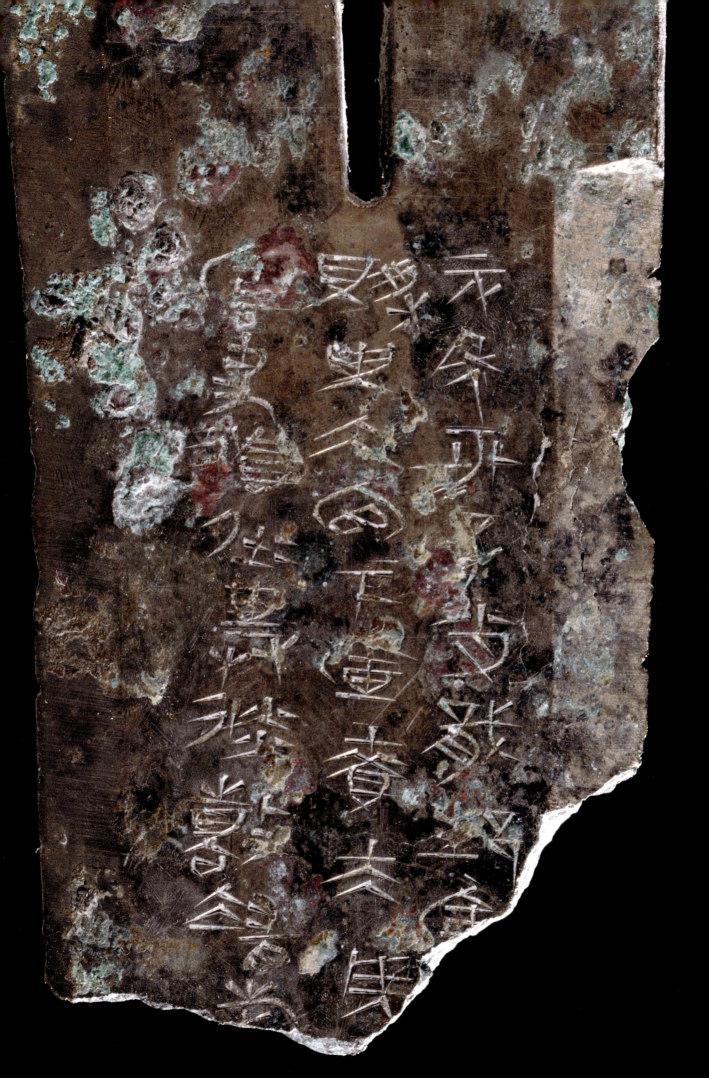

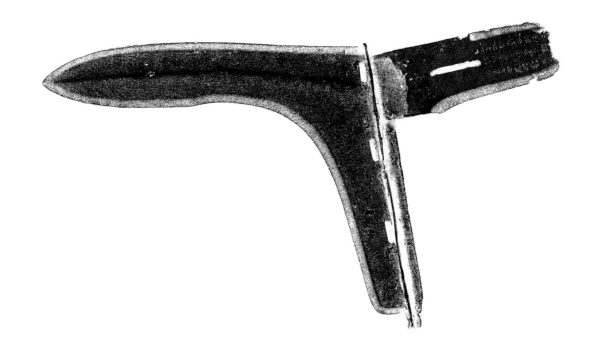

112

释文：二年冢子韩政邦库啬夫暖阆大官上库啬夫罍□库吏斗冶肙（畢）痏敚（造）戈（戟）刃

113

释文：二年冢子韩政邦库啬夫赋奂大官上库啬夫曡臀库吏斗冶君（尹）鞊端戈（戟）束

114

释文：三（或四）年冢子工师叴韩政（政）邦库啬夫韩狐大官下库啬夫长（张）虘库吏獦冶帛（畢）張敞（造）戈（戟）刃

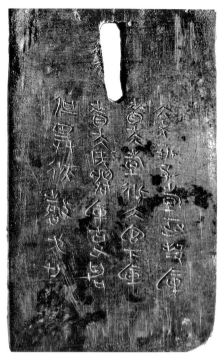

115

释文：六年冢子韩政邦库啬夫韩狐大官下库啬夫长（张）兴库吏劝冶畢狄敫（造）戈刃　大官

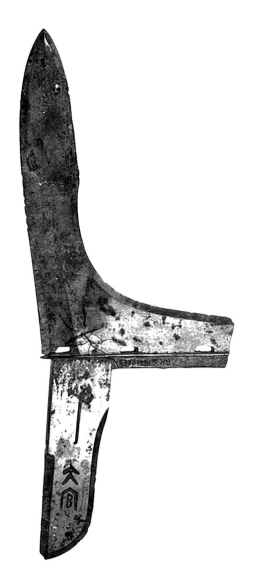

116

释文：七年冢子韩政韩狻邦库啬夫韩固大官上库啬夫狢贾库吏尝（眔）�812（畢）默敚（造）戈（戟）刃大官

117

释文：七年冢子韩政韩狻邦库啬夫韩固大官上库啬夫长（张）兴库吏ㅏ冶君（尹）狃敳（造）端族（戟）刃 大官

118

释文：八年冢子韩政韩狳邦库啬夫韩固大官上库啬夫狢貣（贾）库吏朁（众）冶春偶（造）耑族（载）束

119

释文：☐敔（造）𤪺旆（戟）束

120

释文：郑武库 Ⅱ春成君

121

释文：春成□

122

释文：五年春成相邦高平伦（令）登（邓）钦左库工师芏同冶脖敳（造）端旅（戟）刃礜？

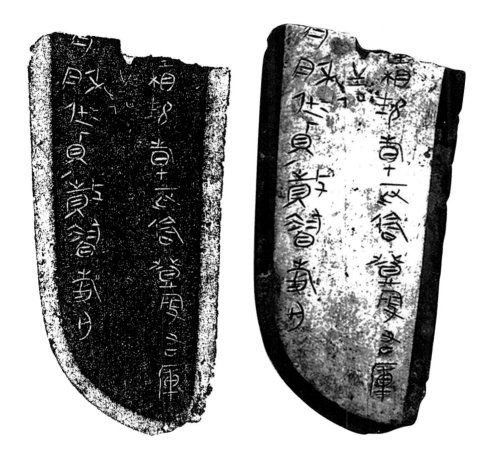

123

释文：☐成相邦韩政倫（令）登（邓）叟（？）右库☐脉治贞敤（造）端族（戟）刃裹

124

释文：蔓（漢）罪（泽）君七年库啬夫乐疟冶舒賁（造）Ⅰ郑武库

125

释文：申库

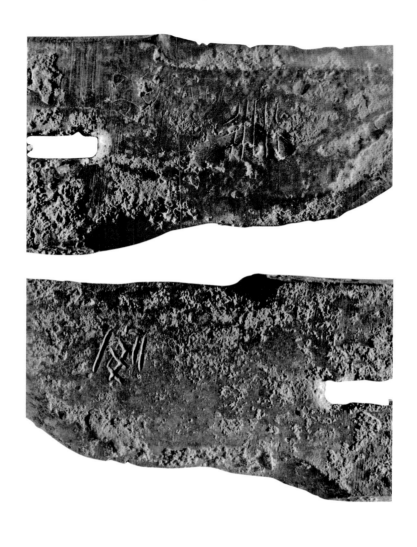

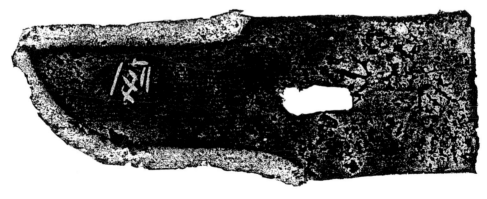

126

释文：衍 郘库 安

127

释文：审左库

128-1

释文：郫右库 才（在）

128-2

释文：郫右库　才（在）

129

释文:郫承倫(令)每山司寇成☑工师□墦冶□敾(造)　才(在)

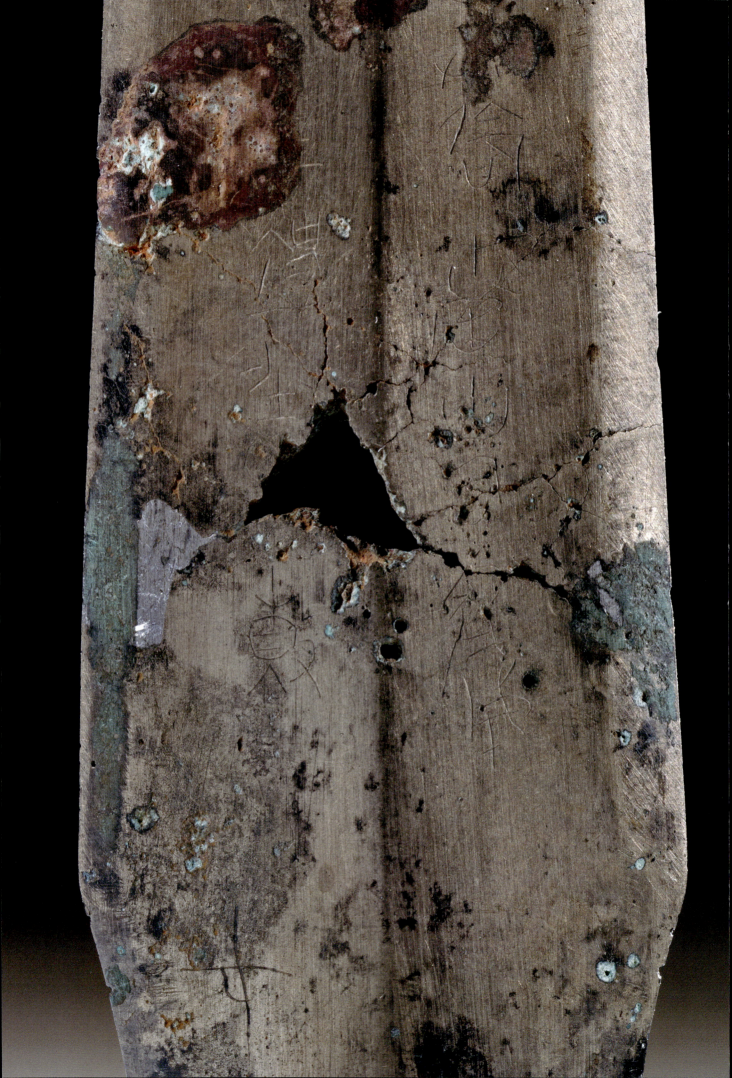

130

释文：四年郫承命（令）洀（汪）芡司寇弽□□左库工师珬（江）次（？）冶□

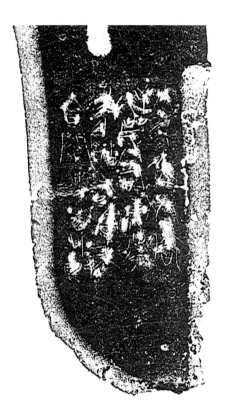

131

释文：八年郫承命（令）洼（汪）芨司寇弿□□左库工师 盲（言）閈冶旬歆（造）

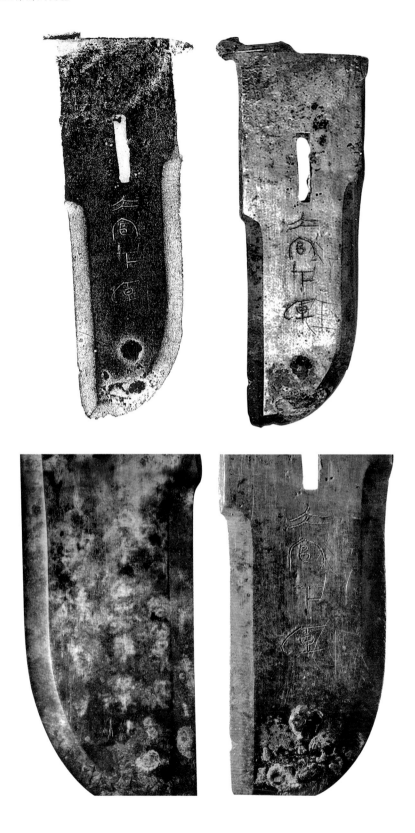

132

释文:（漆书）郹承伦（令）公孙□ 司寇 □左库工师□□冶 攴敚（造）瑞旈（戟）刃　Ⅱ大官下库　邹库

133

释文：十六年承命（令）韩□郬（雍）氏司寇赶（？）閰（周）右库工师王龠（昴）冶□

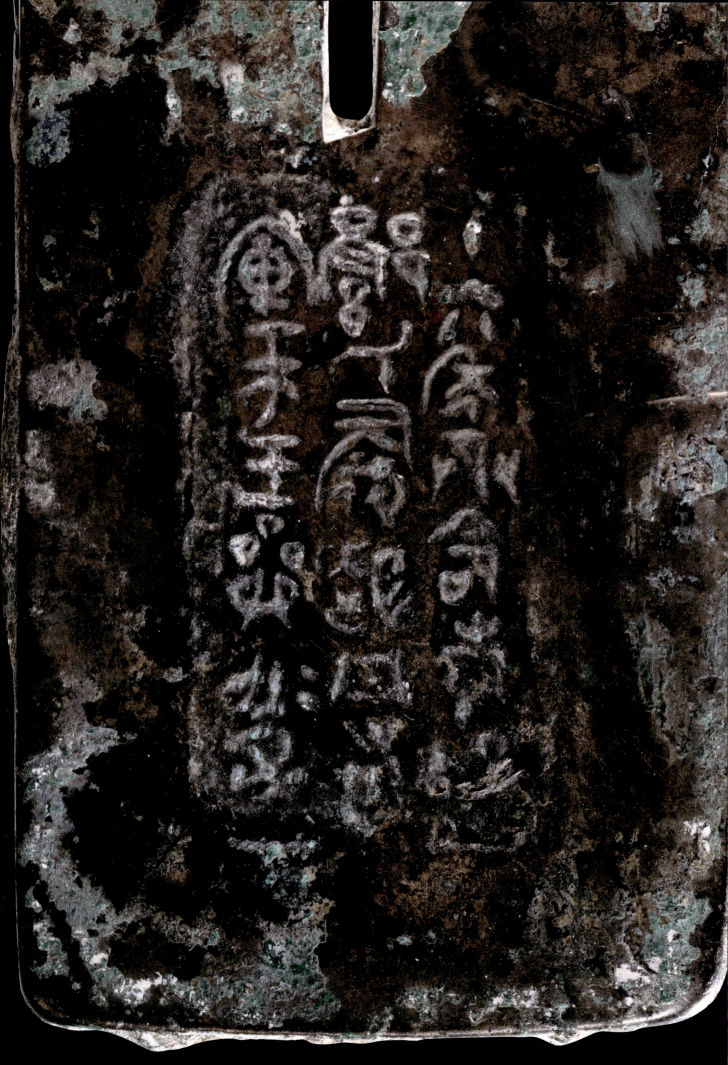

134

释文：□九年雍氏右库無（胜）鑄

135

释文：十九年氏弌（？）左库樊(胜) 鑄

137

释文：十年尒倫（令）亲（新）雎司寇亘秦左库工师韩□冶均叡（造）端旗（戟）束

138

释文：十一年尒倫（令）韩貣（贾）司寇豈秦右库工师韩鑾沿口敚（造）戈刃

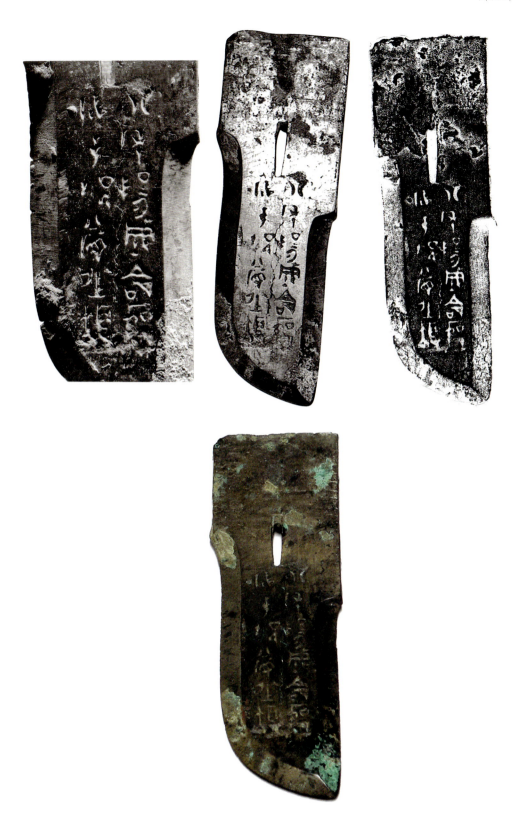

139

释文：八年阳城命（令）□□工师□□冶塾

140

释文：☑年阳人命（令）肖（赵）瘦工师言文冶組

141

释文：九年焦(焦)命(令)韩啉工师阩屈冶臾

142

释文：十九年佲（咎）茗工师格缃治罤○

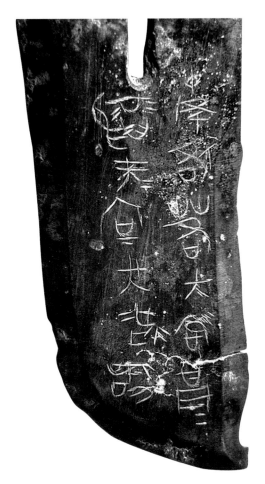

143

释文：十年咎茗大命（令）甘丹（邯郸合文）工师向大冶

144

释文: 八年阳裘(翟)倫(令)亲(新)[?]諟司寇重尻右库工师乐瞅冶戲敦(造)埼旌(戟)朿

145

释文：五年莫倫（令）朱（？）伕司寇绡□左库工师扉潘治赤敖（造）崇旌（戟）刃

146

释文：五年貿（沫）倫（令）☐左库工师穌症治釕（？）敳（造）戟（载）刃

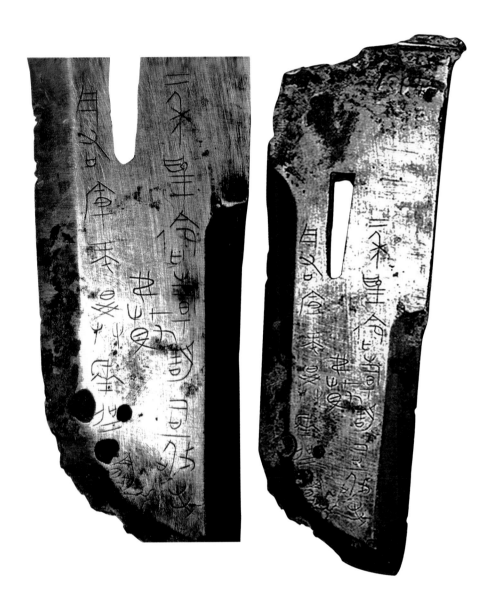

147

释文：二年野王侖（令）韓胡司寇毛丹右库工师暴瓱冶盟弗敱（造）

148

释文：七年野王倫（令）韓胡司寇毛丹右库工师司工（空）囗思冶幽谖（撫）铸端旂（戟刃）

149

释文：十八年狐臣偁(令）江義司寇周悆(悲) 库工师肖（赵)眾治恕敫（造）戈（戟）刃

150

释文：廿一年格氏倫（令）□司寇宋犀右库工师吴痼冶鉀

151

释文：廿一年格氏佮(令)韩韶司寇肖（赵）口左库工师司马ㄆ㐅军冶麟散(造)

152

释文：☒年邿（郜）倫（令）畨（？）亡忌（合文）司寇成□右庫工師王☒鞤（韀）敊（造）朿

154

释文: 十七年安成倫(令)肖(赵)窝(罳)司寇羊思工师史悫冶足

155

释文：六年□偷（令）周襄司寇邘□左库工师司马埌冶敫（造）

156

释文：十一年平匋（陶）缪足工师宋□冶隼

157

释文：四年少曲命（令）韩章右库冶恩敛（造）

158
释文: 十六□命 (令) 肝□治　Ⅱ郑□座

159
释文：䛫（长）安库 Ⅱ武库

163

释文：东周左库

164

释文：緜丘库

165-1

释文：□右库

165-2

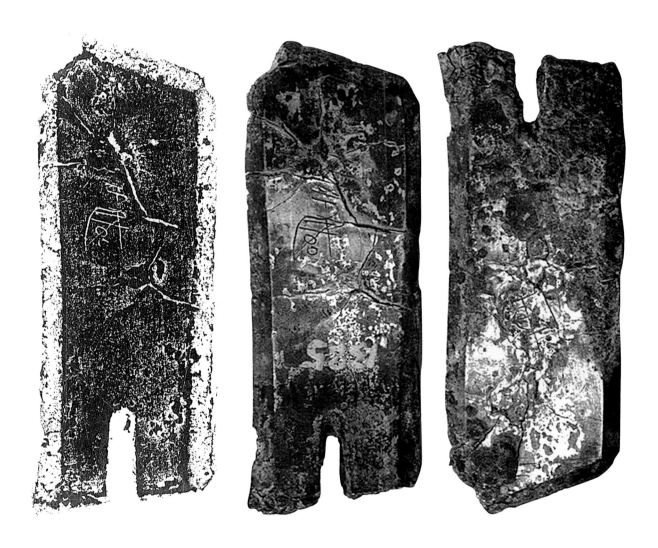

166

释文：马雍　Ⅱ库

释文: ▢库

168

169

释文：胡

170

释文：胡

171

释文：个

172

释文：歸

173

释文：私官

174
释文：□年□库所□

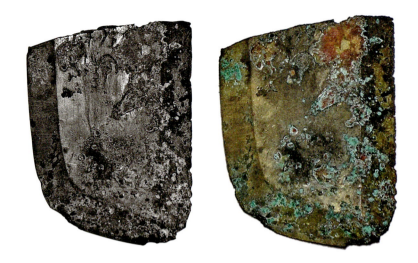

176-1

176-2

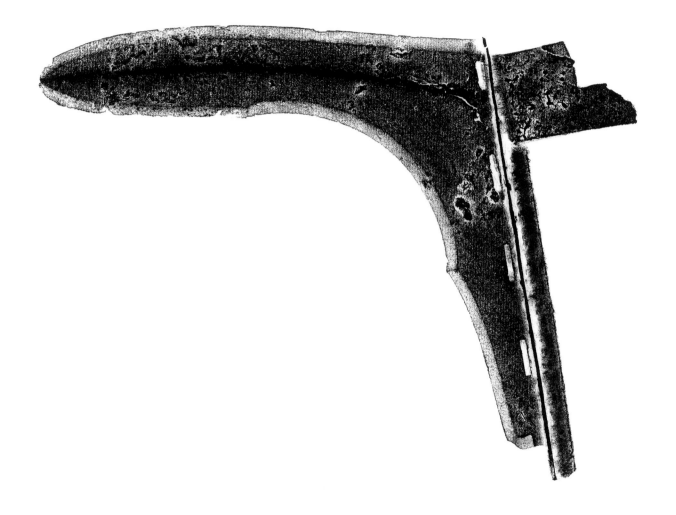

176-3

177

释文：四□左□

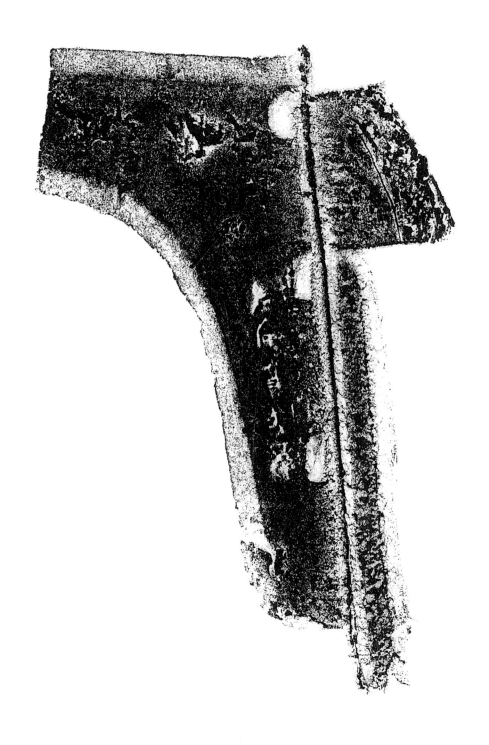

178

释文：□武?□冶赦

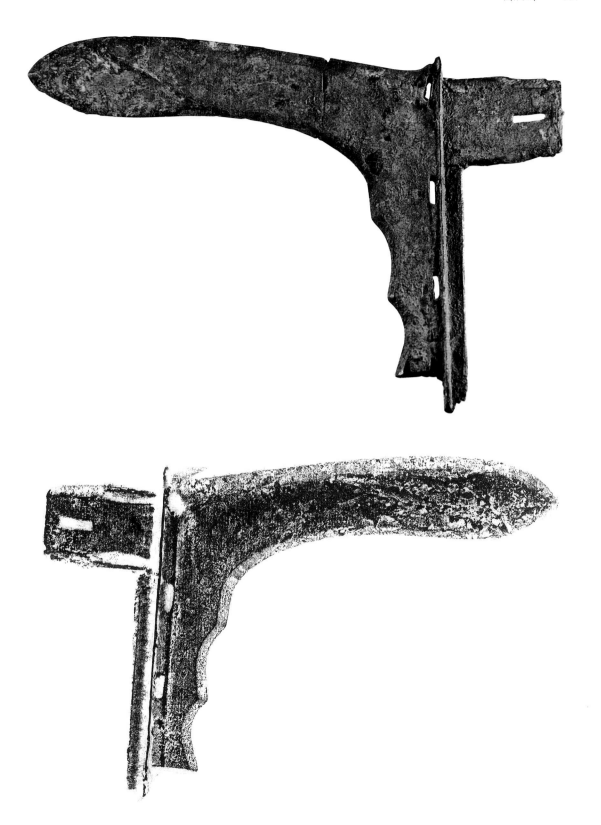

183

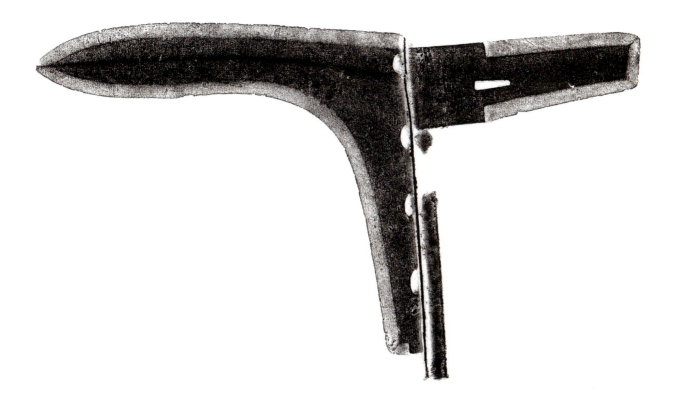

184

002

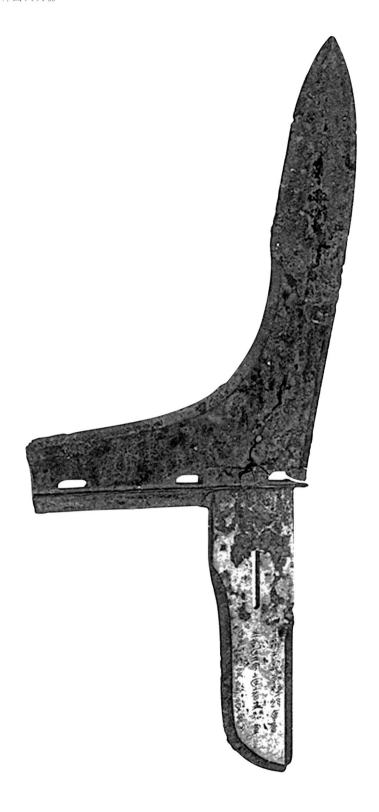

004

释文：□年冢子韩□邦库啬夫韩□大官上库啬夫狢库吏□冶□□造戈刃

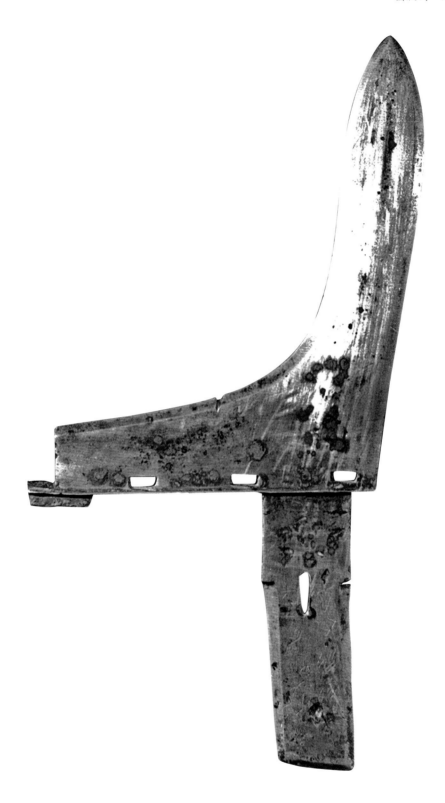

006

释文: 江鱼

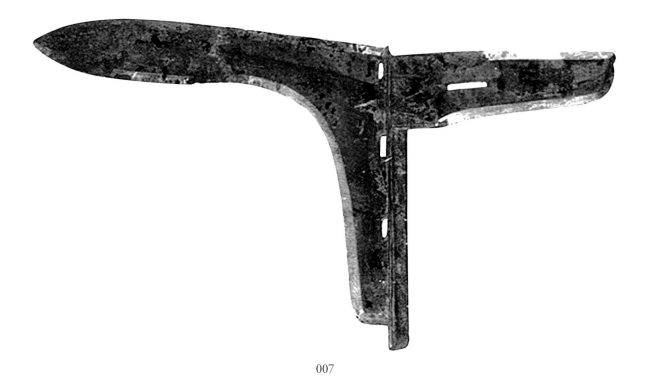

007

008

012

015

016

017

018
释文：□□库

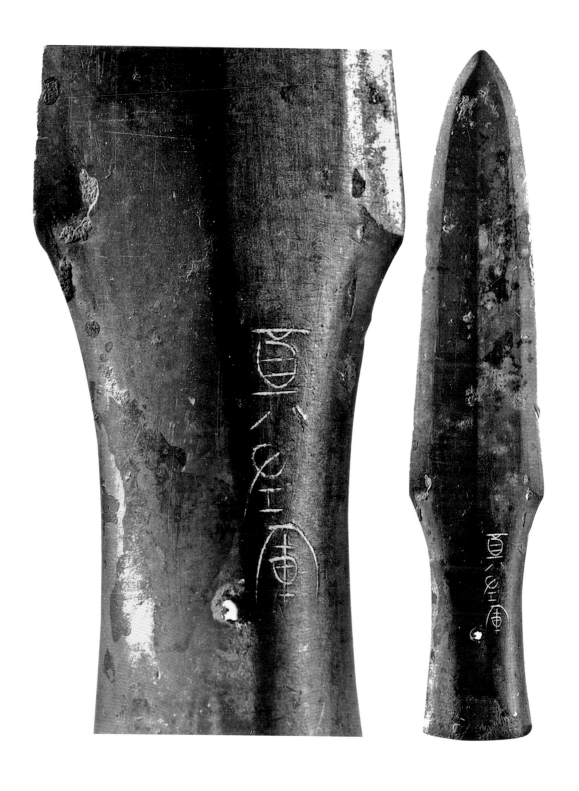

021

释文：郑左库

022

释文：十八年冢子韩矰下库啬夫乐雍库吏安冶善造

024

释文：八年☒

释文：十九年冢子韩□上库啬夫□□库吏□冶长

025

释文：十九年冢子韩□上库啬夫□□库吏□冶长

030　　　　　　　　　031

033

034

释文：业库

036

释文：廿年冢子韩春事韶大官上库啬夫□□库吏□冶长徙造

038

039

组合图